是天才还是疯子

100 Stories of Science Experiment

科学史上100个最疯狂实验背后的故事

夏洁　著

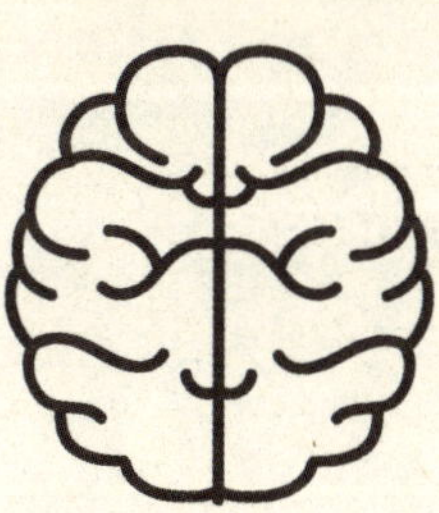

中国青年出版社

图书在版编目(CIP)数据

是天才还是疯子：科学史上100个最疯狂实验背后的故事 / 夏洁著.
—北京：中国青年出版社，2018.10
ISBN 978-7-5153-5234-3
Ⅰ.①是… Ⅱ.①夏… Ⅲ.①科学知识－普及读物 Ⅳ.①Z228
中国版本图书馆CIP数据核字（2018）第181359号

原著作名：《关于疯狂科学实验的100个故事》
作者：夏洁

是天才还是疯子：
科学史上100个最疯狂实验背后的故事

作　　者：夏　洁
责任编辑：肖　佳　庞冰心
美术编辑：杜雨萃
出　　版：中国青年出版社
发　　行：北京中青文文化传媒有限公司
电　　话：010-65511270/65516873
公司网址：www.cyb.com.cn
购书网址：zqwts.tmall.com　www.diyijie.com
印　　刷：大厂回族自治县益利印刷有限公司
版　　次：2018年10月第1版
印　　次：2018年10月第1次印刷
开　　本：787×1092　1/16
字　　数：190千字
印　　张：21
京权图字：01-2018-3062
书　　号：ISBN 978-7-5153-5234-3
定　　价：49.00元

编辑序

让科学走进生活

亲吻，是人们表达情感的常见行为之一，你能想象一个不允许亲吻的世界吗？

20世纪初，人类对于传染病的恐惧到达巅峰，在“饭前、便后洗手”等卫生理念兴起后，甚至有了“反接吻联盟”。它认为，人们不可亲吻儿童，否则某种传染病会通过口腔传染给儿童，更有甚者会夺取发育未熟的孩童性命。这个联盟进而号召人们不要亲吻恋人，倘若恋人是梅毒患者，那么与对方每一次的接吻所带来的梅毒病菌高达4万个！那么事实真的是这样吗？

时间往前推到欧洲文艺复兴时期，中世纪知名的瑞士医生、炼金术士帕拉塞尔苏斯一人躲在昏暗的房间里，桌上满是透明的玻璃烧瓶，仔细一瞧，烧瓶里有些放了绿色草药，有些放的是动物或人的粪便，甚至是人类的精液！他到底在做什么？

好奇这些实验的幕后故事吗？你是否也发觉以上实验听起来都不太寻常，甚至疯狂到让人觉得“不可思议”呢？在科学领域，科学家为了阐明现象或验证理论，利用科学仪器设备，在人为控制或模拟的一定条件下，排除各种干扰，加以反复试验，并对研究对象进行观察，我们将这个过程称为“实验”。一般而言，我们耳熟能详的科学实验都有共同的特点，理性、严谨、中规中矩，比如自由落体实验、温水煮青蛙实验，或密立根的油滴实验等，这些根本无法与“亲吻实验”“大便迷你人”实验相提并论。

你没想到，固然是科学家，也会厌倦平凡，科学家亦会做白日梦，凡是在实验里遇到的瓶颈、生活中一闪而过的疑惑、平日无处宣泄的烦躁情绪，都能化作科学家再接再厉的研究动力……坚持实验精神才能创新，不同的是，科学家比谁都愿意认真地做“傻事”、亲身实践“妄想”的可能性！

受够了看似正经八百但与我们的日常生活相去甚远的科学实验了吗？看腻了充满专业术语的学术性研究报告了吗？想知道人的灵魂有多重、生活在秤盘上的人、猴妹妹的故事、精神病患者与天才的界限等“脱序演出”、科学家“豁出去了”的新奇挑战吗？

再怎么稀奇古怪，本书都百无禁忌，收录了100个亘古至今、世界各地无奇不有的疯狂科学实验，让我们用文字带你一起见证科学家们无厘头的认真样貌，绝对让你耳目一新，大开眼界！

作者自序

够奇葩的科学家＋够脱线的创意＝本书

好奇心害死猫，更能害死科学家！

每一个划世代的伟大发现，都可能来自科学家某一次的颠覆……

事实上，直到送印之前，我都无法相信这本书竟顺利出版、成功来到大家手上。

因为工作的关系，这些年接触了许多意想不到的奇闻逸事，更想象不到的是，这些乍看“不可能”发生的科学实验，竟都真实地发生在你我身处的地球上某一时空，而非杜撰！本身就是从事创意营销及文案工作的我，想当然地对于这些越怪、越发夸张的科学实验情有独钟；它们能触发我工作上的灵感、刺激我的创意发挥，甚至于逗乐当下困于工作瓶颈而暂时丧志的我。

不只如此，它们不仅“取悦”了我，在我三不五时“鸡婆”（啰哩八唆）地分享下，身边亲朋好友们都打趣地问：“你搜集这些‘怪事’能干什么啊？”我总是摇头摆手说：“不知道！但就是新鲜好玩嘛！”没料到会有这么一天，对实验课没什么兴趣的我，会出了一本关于“科学实验”的书！

大家可别误会，这本书虽分类在“科学”，实际上内容可和一般科学实验书籍天差地别！因为这是100个重口味、无厘头又另类的科学实验故事集结，绝非正统的科学实验教学书、参考书！各位可千万别在上课或工作时看，还是“安分守己”地好好上课，好好工作，把这本书当作课外读物，休闲时间轻松而不动脑地翻阅吧！

为了帮助大家快速认识本书，我们“体贴地”为每一段故事注明了：一、地点（可能在德国达姆施塔特附近的弗兰肯斯坦城堡，也可能发生在你我的梦里）；二、时间（可能发生在1605年，也可能发生在2013年）；三、主持人（也就是故事主角）；四、目标（实验所望达成的最终目的）；五、特点（这项实验多么另类疯狂、多么值得一探究竟）；六、脱线指数（一颗星至五颗星，帮助大家理解实验无厘头指数）；七、可模仿指数（确保各位读者能不丧失理智，冲动模仿之下造成伤亡）。

为了便于“分类控”们阅读，我们将本书分成三个章节，第一章是关于神秘的人体实验，第二章讲述学术圈的重口味实验，第三章则是日常生活里的无厘头。尽管内容看起来有些偏门，但请大家放轻松；想象力是你的超能力！这一些绝对不能搬到课堂上的科学实验，听来格外有意思不是吗？还在等什么呢？快来为你的生活增光添彩吧！相信你能和我一样，从中找到乐趣，对科学实验产生不一样的见解，生活上所有吃喝玩乐、衣食住行，都可以与科学结合，甚至让人“暴走”！

在此，我由衷地希望你会喜欢这本书，暂时抛开现实中的烦恼与压力，尽情享受本书100个趣味横生、惊险刺激的小故事，它会全面改变你对科学家与科学实验的贫乏想象。

目 录
Contents

第一章 神秘的人体实验 012

第一章

神秘的人体实验

从科学角度看，人类是与自然界不断抗争的终极胜利品。按照达尔文进化论的阐述，我们的祖先（那些勇敢而勤劳的猿猴们）不甘于做一辈子的低等动物，经过漫长的进化，终于爬上了食物链的顶端。于是，有些科学家就分外珍惜老祖先的劳动成果——他们什么都敢吃（实验1：往血液里注射蛇毒的人）。

从宗教角度看，人体是神明赐予人类最珍贵的礼物。传说中，上帝按照自己的样子，创造了第一个人类——亚当，又用他的肋骨给他添了个小伙伴——夏娃。所以，不管质量怎样，人类总算是在外形上和神明保持了一致。于是，另外一些科学家就有点不甘心，千方百计地想要知道我们到底内在如何，和神明、其他生物到底相距有多远（实验7：人的灵魂重21克、实验12：戴上头盔，和上帝通话）。

从伦理来看，身体发肤受之父母，是绝对不能有损伤的。一旦损伤了怎么办呢？那就开发出能让肢体再生的药物（实验9：断肢再生），或者让自己变得更强也行（实验10：一半是机器一半是人），要不然干脆当一次上帝好了（实验22：开启富豪拷贝模式）……

这些实验是不是都很疯狂呢？

对科学家们而言，每一个人体都蕴含着无限的奥秘，如果能探索到了这些奥秘，无疑会让科学发展更上一个台阶。

有这么大的好处，当然在设计实验的时候，就是能多脱线就有多脱线啦！

实验 1 往血液里注射蛇毒的人

快眼看实验

地点	美国威斯康星州一辆小汽车中
时间	1928年春天
主持人	埃根博格
目标	以身试蛇毒
特点	养条蛇，毒液要取最新鲜的
脱线指数	★★★★★
可模仿指数	★（连实验者本人一生也只敢做一次，你敢尝试吗？）

全实验再现

你怕蛇吗？

试想一下，如果一个孩子正在室外玩耍，突然遇到一条吐着血红色信子的大蛇，从草丛中竖起身来横行在面前，他会如何？恐怕一般的孩子都会吓得尿了裤子。

埃根博格儿时就遇到过这样的险境，当时，年仅十岁的他吓呆了，盯着大蛇那不断吞吐的信子，胯下就是一湿……所幸的是，当时那条蛇已经是吃饱喝足的状态，埃根博格才得以幸免于难。

回到家中，埃根博格陷入了沉思：人类之所以怕蛇，无非是怕中了蛇毒而死去，那么，为什么人类被蛇攻击后会中毒？中了蛇毒之后又是什么反应？人类到底有没有办法战胜蛇毒呢？

这一系列的问题，萦绕在埃根博格的脑海中，他发誓等到自己长大之后，一定要搞清楚这些问题。

一晃十多年过去了，已经20多岁的埃根博格成了一名病理学家。在一切都步入正轨之后，埃根博格想起了年幼时的梦想，决定全心全意“对付”蛇毒。

这时候的埃根博格已经明白了部分蛇毒之所以置人于死地的原因，比如说，眼镜蛇的毒液能够直接作用于血浆和红血球，从而破坏人体循环系统，延缓或者加速血小板的凝血过程；而曼巴蛇的毒液则是直接作用于人体中枢神经系统，麻痹人的呼吸和心脏。

埃根博格思索了很久，决定用曼巴蛇的毒液来做实验，为此，他在家里养了一条曼巴蛇，甚至还把前来拜访的朋友吓到昏厥。

当这条曼巴蛇渐渐长大，毒液可以用来做实验时，埃根博格却做了一个惊人的决定——为了记录蛇毒在人体中的作用过程，他要往自己的血液中注射曼巴蛇毒。

这个疯狂的想法遭到了所有人的反对，他的妻子、家人、朋友全都苦苦相劝，但埃根博格就是不听，坚持要完成这个实验。

在一个万事俱备的下午，埃根博格钻进一辆小汽车，将一滴曼巴蛇毒用十滴生理盐水稀释，然后在自己的手臂上注射了0.2毫升稀释后的蛇毒。

值得一提的是，这并不是埃根博格第一次给自己注射蛇毒。早在这次注射实验之前，他就为自己注射过眼镜蛇的毒液，那次注射后，注射位置立即疼痛难忍，并且迅速鼓起一个大包。埃根博格以为这次也会是一样，但事实并非如此。

曼巴蛇毒刚进入体内，埃根博格就觉得自己对周围的环境变得尤其敏感，用他自己的话来说，就是："车子微小的颤动以及发动机运转的声音，对我来说都是极大的刺激，难以忍受。我甚至觉得汽车轮子就像平的一样，在我下车接触地面前，甚至要不放心地低头看一眼地面。"

20分钟后，仅仅0.2毫升的毒液就让埃根博格感受到了中毒的反应。他试图往注射点滴入高锰酸钾溶液，但是效果甚微，毒液已经向全身扩散，他的舌头、下巴先后失去直觉，最后连脚趾也麻痹了。

这时，埃根博格让助手给自己注射事先研制好的解毒药。幸运的是，这种药物见效很快，六个小时后，埃根博格身上的蛇毒就慢慢退去了。

IN 视角

各位读者有没有发现一个问题呢？那就是，为什么埃根博格会在小汽车里进行这项实验呢？因为空间小，所以感受会更加敏锐？或者实在中毒厉害，可以开着车往医院狂奔？这个问题，埃根博格一直没有给出答案。不过，我们可以肯定的是，直到1961年与世长辞，埃根博格再也没有做过类似的实验。

实验2 性爱大师

快眼看实验

地点	美国
时间	1949年
主持人	库鲁姆比斯
目标	测量性交过程中的压力
特点	最尴尬领域的研究
脱线指数	★★
可模仿指数	★★★（设备齐全，尴尬忍得住，这不算是一个困难的实验。）

全实验再现

2013年，美国出了一部热播的电视剧《性爱大师》，剧中讲述了两位性教育研究专家威廉·马斯特斯和弗吉尼亚·约翰逊的故事，该剧打破了传统的束缚，一时间成为热议话题。其实，在历史长河中也有一位真实的性爱大师，他就是美国的医学家库鲁姆比斯。

六十多年前，当库鲁姆比斯第一次公布实验结果时，他甚至用拉丁文写了部分段落以掩饰自己的羞涩，这段拉丁文的含意是：一个单纯靠幻想就能得到性高潮的女人来到他的实验室，这个女人的能力让他非常惊讶也非常满意，因为不管什么时候、什么地点，她仅靠把双腿夹在一起就能达到性高潮。

在当时的科学水平下，很多人都知道性爱过程可能会导致中风或者心肌梗死，严重的甚至会导致死亡。但是，人类在性交过程中，究竟承受了多大的压力导致这些情况的发生，却是不能被估算的。库鲁姆比斯的成就在于，他没有估算这些压力，而是真实地将之测量出来。

事实上，库鲁姆比斯一直想对性爱过程进行测量，他也一直在招募实验者，但几乎没有人前来应征——毕竟性爱是一件特别隐私的事情。而另一方面，库鲁姆比斯和他的助手也考虑到一个实际问题：做爱时剧烈的运动会破坏数据的准确性。

就在库鲁姆比斯一筹莫展的时候，他论文里提到的那个女人推开他实验室的门（我们姑且称她为乔安娜），她讲明自己的情况后，萦绕库鲁姆比斯的愁云终于消散了。

乔安娜可以说是库鲁姆比斯最理想的实验对象，她可以按照命令控制自己的性高潮，并且在肢体上保持冷静，不会产生额外的震动来影响敏感的测量仪器，这可以让库鲁姆比斯和他的助手准确跟踪血压、脉搏等数据的变化。

在库鲁姆比斯的第一次记录数据中，他发现乔安娜的收缩压增长了50毫米汞柱，达到160毫米，这个数据引起了库鲁姆比斯的高度重视，因为产妇在分娩前承受阵痛的血压，只有此时的4/5；作为对比，库鲁姆比斯让乔安娜快速从一楼跑到六楼，如此激烈的运动也不过是让乔安娜的血压比平时上升了25毫米汞柱，心跳在98次/分钟。

在接下来的实验中，乔安娜共产生了五次性高潮，每次时间相隔一分钟左右。库鲁姆比斯观察到，每次的性高潮周期中都有着一定的走势：在最初的5秒内心跳陡然加快，比平时正常水平每分钟高出10次，在接下来的15秒中保持这个数值，在第25秒左右进入高潮。进入高潮后的心跳速度更快，大约是每分钟比平时水平高出15次，而血压也会升高200毫米汞柱。

为了公平起见，库鲁姆比斯也找来一位男士做实验。这位男士没有乔安娜那样的本领，他通过手淫的方式使自己达到性高潮。而测量数值显示，男士的脉搏在性高潮过程中，可以跳跃到142次，血压达到300毫米汞柱。

基于此，库鲁姆比斯断言说，根据这样的资料，女士几乎没有性高潮体验。

IN 视角

在性爱过程中，男人和女人脉搏和血压的变化趋势是相同的。但在性高潮来临时，本来很有规律的变化趋势突然发生了极大的偏差。有人针对这个数值变化提出了一个哲学领域的思考，即幸福最大的体验感受，在于触及和到达的那一刻，而不是一直拥有的一种常态。我们将时间都贡献给了前者，后者什么都没有得到。殊不知，幸福突如其来的感觉只不过那么十几秒，真正占据我们生命更多时间的，是平淡。人究竟是应该追求火花般的高潮，还是平淡如水的相守，那就是仁者见仁、智者见智了。

实验 3 涂口红？不亲吻！

快眼看实验

地点	美国科学杂志社
时间	1927年3月
主持人	编辑部成员
目标	测量接吻时产生的细菌数
特点	惹恼唇膏公司的实验
脱线指数	★★★
可模仿指数	★★★★（买个显微镜就全搞定啦！）

全实验再现

相传亲吻这一动作来自两只毛毛虫，公虫将鲜美的水草送到母虫面前，当她羞涩收下后，公虫就深情吻了她的身体，以传达“她的身体如水草般肥美可口”的赞美之意。后来，亲吻就变成了人们用来表达爱意的常用方法之一。在分离时，人们亲吻；在久别重逢时，人们亲吻；在激动时，人们亲吻；在伤心时，人们还是用亲吻来表达慰藉。热恋的男女会深情地亲吻对方，慈爱的父母会怜惜地亲吻自己的孩子，孩子也会天真无邪地亲吻仰慕的长辈。

亲吻，是如此常见的表达情感的行为，你能想象出一个不允许亲吻的世界吗？

20世纪初，随着医学的飞速发展，人们对于传染病的恐惧到达了一个高峰。

很多志愿者组成卫生联盟，提倡“饭后、便后洗手”等卫生理念。在这些众多的联盟中，“反接吻联盟”是最独特的一支。

反接吻联盟限制人们的事情非常多，他们号召人们不要亲吻儿童，因为某些传染病会通过口腔传染给儿童，有些病菌对大人来说不算什么，但对儿童而言，却有可能变成夺取性命的罪魁祸首；他们号召人们不要亲吻恋人，因为假如自己的恋人是梅毒患者，那么他/她每次接吻所传播的梅毒病菌高达4万个；他们号召人们干脆不要亲吻，因为病菌实在是太可怕了。

这个在今天看来荒谬的联盟，在当时却受到了日本民众的拥护，很多欧美电影在进入日本市场时，都被要求将所有的亲吻镜头剪掉，以免对民众造成不好的影响。

可是，美国民众才不管接吻会带来什么严重的后果，他们还是大肆拍摄亲密的爱情故事片，甚至在民众的呼吁下，美国《科学与创造》的杂志社成员还进行了一项别开生面的实验。

在1927年3月，《科学与创造》杂志社比平时要喧闹很多，几对男女正等待在编辑部的门口，准备配合编辑部的工作人员进行这次实验。

实验很简单，编辑部的工作人员要求接受任务的这几对男女，分别对着培养皿亲吻，然后这些培养皿会被送到37.5℃的保温箱里，足足放置24小时，以观测培养皿中的细菌数量。

24小时后，编辑部的工作人员将培养皿拿出来，放在显微镜下进行观察。

毫无疑问，人体会携带部分细菌，亲吻时黏附的细菌，在这24小时内繁衍出了新的细小细菌群。编辑部的工作人员只要计算这些细菌群的数量，就能知道之前，关于梅毒病菌通过亲吻可以传播4万个的说法是否属实。

经过一系列的观察和计算，《科学与创造》杂志社最终给了世人一个准确数据：接受实验的这几对男女，他们能传播的细菌，远远低于“反接吻联盟”号称的4万个，而仅有500个，其中涂了口红的女士传播的细菌是700个。

IN视角

《科学与创造》杂志社的这次实验在很大程度上缓解了当时人们对于亲吻的恐惧，人们开始慢慢回归到可以亲吻恋人、孩子的节奏，有人调侃这次实验，这样说道：“不管它的社会意义有多大，它至少给了男人一个借口，那就是涂了口红的嘴唇，我们不想亲吻，因为它会传播更多的细菌！”

实验4 巴甫洛夫的狗：铃铛响声＝食物

快眼看实验

地点	俄国的圣彼得堡
时间	1900年
主持人	巴甫洛夫
目标	测量狗对于不同环境刺激的反应
特点	由狗及人
脱线指数	★★
可模仿指数	★★★★★（家有狗狗，万事俱备。）

全实验再现

哪位科学家和流行乐队的关系最好？答案是巴甫洛夫，超出你的想象吧！

20世纪70年代有个乐队叫“巴甫洛夫的狗和灵魂条件反射的轻歌舞剧和音乐会合唱团”，80年代有个乐队叫“巴甫洛夫和流涎军”，90年代则有两个乐队分别叫作“巴甫洛夫的狗狗”和“条件反射”，这一切都源于巴甫洛夫在1900年，利用狗做出的“条件反射”实验。

巴甫洛夫，俄国著名科学家，他于1904年，因为消化科学领域的卓越贡献而获得了诺贝尔奖，但他被世人所知的还是他关于“学习”的实验。

这个关于“学习”的实验，最初并不是巴甫洛夫的初衷，他当时正在研究消化腺的功能。为了研究出消化腺的具体作用，他将狗的消化液通过脸颊上的小孔引到烧杯中，用以研究不同食物对狗消化液的刺激。

经过几次实验，巴甫洛夫发现了一个有趣的现象，在亲自喂过实验狗数次之后，实验狗见到他就会分泌消化液。巴甫洛夫起初并不以为然，以为是实验狗出现的一种实验干扰。于是，他进一步改善了自己的实验，不再给实验狗任何提示，而是不定期地就将食物塞到狗的嘴里，但狗还是老样子，见到巴甫洛夫就会分泌消化液，甚至发展到后来，狗听到他的脚步声就会分泌消化液。

巴甫洛夫很快意识到，这不是实验的干扰因素，恰恰是一个全新的研究领域。于是，他在喂食之前加入了新的干扰因素，即每次喂食前都会摇铃铛。经过几次的实验，狗听到铃铛声，就会不由自主地分泌消化液。

为此，巴甫洛夫断言，狗在这个特定的刺激环境中，学会了铃铛声响=食物的概念。

因为狗在其自身的生存环境中，会将很多因素和食物联系起来，所以巴甫洛夫特别将实验场所搬到一个绝对隔音的房间里，他可以透过操纵杆和滑轮给实验狗喂食，最大限度地减少了实验可能存在的干扰。

在这次封闭的实验中，巴甫洛夫依旧采取喂食前摇响铃铛的方式。几天下来，实验狗只要听到铃铛声，就会认同巴甫洛夫设想的那样不由自主地分泌消化液；而只要有几次只摇响铃铛而不给喂食，实验狗就会慢慢忘记这个喂食方式，而对铃铛声音没有任何反应。

基于所有的实验现象，巴甫洛夫得出一个结论，即本能的刺激——反应组合（食物——分泌消化液）可以和新的刺激（铃声）组合在一起，存在于任何一种行为模式中。这个结论在日后的科学界被称为“经典条件反射学说”。在这个实验进行30年后，美国的心理学家斯金纳又对其进行了新的诠释。

如今，巴甫洛夫和他的实验狗之间的结论，已经变成了日常概念，有些媒体批评家用这个实验结果，讽刺被广告驱使的民众，说他们就像是巴甫洛夫的狗，只要给点刺激就会产生购买行为。

IN 视角

开篇我们说过，巴甫洛夫本人是世界闻名的科学家，很多乐队都以他的名字命名，但巴甫洛夫的光芒却没有给这些乐队带来好运，这些乐队几乎没有爆红的，甚至都在很短时间内就匆忙解散。

其中，“巴甫洛夫的狗和灵魂条件反射的轻歌舞剧和音乐会合唱团”在1973年更名为“巴甫洛夫的狗”，首场演唱会赚60万是他们最大的成就，在那之后的三年，乐队就在公司的命令下强制解散。

实验5 箱子里的婴儿

快眼看实验

地点	美国
时间	20世纪30年代
主持人	斯金纳
目标	传承巴甫洛夫的实验精神，测量条件反射的行为是如何产生的
特点	众生平等，人和动物一样
脱线指数	★★★★
可模仿指数	★（问过良心君的意见吗？）

全实验再现

将动物放进箱子里饲养你看到过，但是把婴儿放到箱子里喂食、抚养，你能想象得到吗？

新行为主义心理学的创始人之一斯金纳，就是这样一个疯狂的科学家。

斯金纳本人才智出众，他进入了汉密尔顿学院，主修英国文学。本来他想成为作家，毕业后从事写作，但两年后他便觉得“没有什么重要的事要说了”。随后，他又考入哈佛大学读研究生，改修心理学。

1931年，他获得哲学博士学位。

拥有这样一份履历的人，一定有不平凡的经历，或许将自己的女儿关进箱子里饲养，就算是他人生中最不平凡的谣言了吧！

关于这个谣言，还要从他的斯金纳盒说起。

斯金纳在26岁时，阅读到巴甫洛夫关于经典条件反射的实验，就很想重现这个实验，但他不想仅仅局限于简单的研究已经得出的理论，而是想进一步获悉在刺激之下的新行为是怎样产生的。

最终，他想出了一个办法：制造了一个箱子，将小白鼠放进去。实验箱中安装了杠杆，只要小白鼠按下杠杆就能得到食物。起初，小白鼠当然不知道有这样的“幸运”，但当幸运降临几次之后，小白鼠就发现了其中的奥妙，杠杆被按下的时间间隔越来越短。

于是，斯金纳分析出，一种新行为的产生，可能是行为发生频率的改变。

和巴甫洛夫的结论不同，斯金纳认为，小白鼠在条件反射的这个过程中，不是依靠先天的反应，而是通过学习一种新的行为方式达到的。斯金纳在巴甫洛夫的理论基础上进行延伸，创造性地建立了“动作的条件反射”理论，这个理论包含三个元素：生物体持续呈现本能行为，肯定或否定的结果增加或减少了生物体重复这一行为的可能性，环境决定了这两个元素。

在接下来的研究中，斯金纳又改善了自己的实验设计。斯金纳箱可以自动记录每次小白鼠按下杠杆的时间，在这一先进技术的帮助下，斯金纳很好地研究到了小白鼠的各项行为资料。比如，如果杠杆每次要压下五次才会有食物，或者压杠杆获得食物的频率并不固定，小白鼠又会有什么样的反应?

条件反射的实验看起来无聊，但斯金纳透过这样的方式，教会了小动物们做出很多动作，最让人称绝的，是他教会一只鸽子用嘴巴弹奏出一首完整的曲子，教会两只鸽子对打乒乓球。

斯金纳的窍门是：逐步给小动物们奖励，而不是等到它们全部完成时才奖励。在训练鸽子的过程中，当鸽子在斯金纳箱中，用尖嘴无意中触碰到儿童玩具钢琴而发声，斯金纳就奖励它一个食物。每当它触碰出一下声音，斯金纳都会给予奖励，直到它最终将一首歌曲完整弹奏出来。

斯金纳箱的理论虽然是沿袭巴甫洛夫，但他的理论很快就在社会上流传起来，甚至有人怀疑斯金纳将自己的女儿也关进箱子里，被她父亲像对待小动物一样进行“训练”。因为斯金纳在1945年接受《女人之家》杂志采访时称，自己为女儿建造了一个远离噪音、极其温暖的托儿所，这篇报道的标题叫作《箱子里的婴儿》。因此，很多读者断言，斯金纳的女儿德波拉一定是被迫参与了实验。在那之后的很长一段时间内，德波拉——这位生活在伦敦的艺术家，不得不一次次地出现在世人面前，证明自己过得很好，并不是像传言中的那样“因为被关进箱子喂养而出现心理危机，进入精神病院并自杀”。

IN 视角

斯金纳是美国科学界颇具争议的人物，在他看来，世界不过就是一个大型的斯金纳箱，人类所有的行为都可以在这个“箱子”中找到答案，所有的行为不过是箱外刺激的条件反射。斯金纳的理论最多应用于教育领域，1971年他出版了备受关注同时也备受争议的著作《超越自由与尊严》(*Beyond Freedom and Dignity*)，斯金纳认为，人根本不可能有绝对的自由与尊严，人只可能是环境的产物，因此，人类面临的首要任务是设计一个最适合自己生存的文化与社会。那么他给人们的建议就是，人们可以通过设置条件的办法来训练孩子按照社会需要的方式行动，从而造福整个人类社会。

实验 6 人体“零件”打印机

快眼看实验

地点	美国、俄罗斯
时间	2013年
主持人	阿兰·卡尔庞捷等
目标	将人体器官通过生产线生产
特点	医疗、基因等多种学科的重大进步
脱线指数	★★★★
可模仿指数	★（其实想给零颗星，因为生产线的高额造价，大众模仿指数极低。）

全实验再现

中国香港科幻小说家韦斯利，在他的科幻小说《后备》中塑造了一家医院，这家医院为富豪或大政客制造“复制人”，以备这些大人物在人体器官衰竭时可以更替“自己”的器官。

在2013年，这个看起来像是“天方夜谭”的奇思妙想，被科学家们变成了现实，俄罗斯、美国等一些国家纷纷宣布，已经在这一课题上研究出了一些成果，可以在未来一段时间内，解决因器官短缺而无法进行移植手术的难题，给等待器官的手术患者带来新的希望。

首先对这一领域研究发出宣言的是俄罗斯的生物学家们，他们在2013年年初的时候就发表声明说，在俄罗斯乌拉尔地区首府叶卡捷琳堡，有一家他们专门用来做这种实验的实验室。那里的生物学家们结合自身以及国外同行的经验，已经成功制作出了一块软骨和耳朵。被制作出来的软骨和耳朵的“原材料”来自需要更换器官的患者。生物学家们在他身上取来人体细胞，通过3D打印技术，已经成功进行了“人体零件”的生产。在这个关于科学研究成果的声明中，俄罗斯的生物学家们称，他们接下来将要生产一个健康的肾，如果研究能获得成功的话，那么器官短缺问题就不复存在了。生物学家们甚至还动用了一个机器人昼夜监管生产线情况。

以此同时，美国科学家们也宣布，他们利用一个车祸遇难者严重受损的肺作为原材料，成功培育出了人造肺。主持这次实验的科学家叫科尔斯，他将遇难者肺上的所有组织都剥离了，留下胶原蛋白和弹性蛋白充当“骨架”。在接下来的实验中，科学家们将其他肺部中健康的细胞，附着在之前建好的“骨架”上，再用营养液将整个人工的肺部浸泡起来。大约四周之后，这个人造的肺部就如同植物发芽长大一般，真的被培育出来了。

与俄罗斯和美国的科学家们不同，法国的科学家使用了生物活性组织与电子零件相结合的方式，制造出一个比人类心脏重三倍的人工心脏，总重约两磅。法国科学家阿兰·卡尔庞捷在研究方面比俄罗斯、美国科学家们先进一步，他不仅制造出了人工的心脏，还成功地用这颗人工心脏完成了目前医学史上第一例人工心脏移植手术。病人在移植手术后苏醒，虽然还处于严密的监测之下，但身体的各项指标都显示正常。阿兰·卡尔庞捷表示，这颗人造心脏表面部分选用了牛的组织，心脏内部装有电子传感器，能够根据患者活动情况对血压进行调节。阿兰·卡尔庞捷希望这位病人能够回到正常的社会生活中，如果梦想成真的话，这项技术将可以救治成千上万等待器官移植的患者，给他们及家人带来希望。到那时，人工器官也可以做到和零件一样“大量生产”，对需要更新器官的人来说，他们将能够像选购日用品一样去选购需要的器官。

阿兰·卡尔庞捷和他的团队殷切希望这个愿望能够达成，在若干年后，或许他们还能带着大量的成品上市。

IN视角

韦斯利在他的小说中无数次表达过，一个优秀的科学家，必须有足够的想象力才能进阶成为顶尖的科学家。在人工器官这一研究领域，阿兰·卡尔庞捷这样的科学家无疑是有足够想象力的。3D打印发展至今，已经不再是单纯打印模型和样件，更多表现是直接制造功能性产品，也许在几十年或者百年之后，人类真的能够实现人造器官大量生产这一梦想，自主决定身体的变换和更新。说不定人类也能像数字产品一样能够“更新换代”，从而让生命更新和延续。

3D打印介入传统制造业领域，必将与传统产业展开激烈竞争，并带来新的产业革命。惠普3D打印总裁认为，3D打印将推动全球12万亿美元的传统制造业市场。

实验 7

人的灵魂重 21 克

快眼看实验

地点	美国马萨诸塞州
时间	1901年4月10日
主持人	邓肯·麦克杜格尔
目标	秤量灵魂的克数
特点	被实验者一生只能参与一次
脱线指数	★★★★
可模仿指数	★（如果想拿自己做实验，恐怕没有办法知道实验结果哦！）

全实验再现

在幽暗的房间里，一个还残留一口气的人静静地躺在病床上，他的床边挂着一张纯白色的幕布。

突然之间，病床上的病人全身散发出雾气一般淡淡的光芒，光芒逐渐凝聚，慢慢变成如躺在床上的病人形状，接着缓缓地飘浮起来，在不太明亮的房间里看起来尤其诡异。

那团雾气停留了一会儿，然后朝着唯一一扇打开的窗口飘去，最后神秘消失。

这不是什么灵异电影的现场，而是源自一家实验室。

当那团神秘的雾气消失后，房间里的灯也亮了，主持这场实验的卡林博士宣布："床上的这个人体重减轻了，和麦克杜格尔医生的结论一样，刚好是21克！"

卡林博士是美国的心灵研究专家，在他还是学生的时候，就了解到了麦克杜格尔医生的实验，这次不过是将麦克杜格尔医生的实验更加精细地重现而已。

在10年前，美国马萨诸塞州的麦克杜格尔医生可谓是风云人物，1907年3月11日《纽约时报》第五版有一条新闻就是关于他的，在这则新闻中，他肯定地告诉世人：人是有灵魂的，并且人的灵魂还可以被测量到。

麦克杜格尔医生从年轻时候起就非常关注灵魂领域，在他的理论体系中，所有占有空间的物体一定都是有重量的，基于这个理论，灵魂既然是存在于身体这个空间中，那么它一定也是有重量的。为此，麦克杜格尔医生发明了一个专门称量灵魂重量的天平：一张可以架起床铺的天平，它的数值可以精确到5克。

经过反复的设计挑选，麦克杜格尔医生将最好的实验对象定为结核病人，他们在将死之际，几乎是一动也不动的。因为当死神降临的那一刻，实验人选最好是很少活动或者几乎没有肌肉运动，这样测量出来的重量才准确，不然会影响到天平的平衡性。

第一位结核病人被放在麦克杜格尔医生的“灵魂天平”，是在1901年4月10日17点30分。

3个小时40分钟后，麦克杜格尔医生记载：随着病人最后一口气咽下，原本调节到接近上限的天平指标迅速下降，达到下限后再也没有反弹回去。这个重量差大约是21克。

实验的其他五例，各有状况发生，其中的一例重量下降了两次，麦克杜格尔推理说，病人临死前，灵魂走了一部分，剩下的部分，则依依不舍地在十几分钟后，不得已离开。

作为实验对比，麦克杜格尔医生还用15只狗做了实验，实验的结果和人类大相径庭，狗在死前和死后的重量没有变化。麦克杜格尔医生解释说，这正是因为狗和人类不同，没有思考的能力，因此也就没有灵魂。

麦克杜格尔医生用狗做实验，也同样引起了争论，人们怀疑他为了完成实验对比，而昧着良心毒死了15只狗。

百年后，科学家对于灵魂的研究又有了新的发现。获得1962年诺贝尔生理学医学奖的科学家克里克，在2003年发表文章说，人的灵魂是由大脑一些特定的细胞产生的，而他和他的研究小组发现了人的“灵魂细胞”。这就使得人们不禁联想起麦克杜格尔医生的实验，那21克的重量，是否就是“灵魂细胞”的重量呢？

IN视角

麦克杜格尔医生的实验过程，虽然看起来简单，实验结果也可以用逻辑解释得通，却一直备受争议。针对这个实验，其他科学家们第一关注的是人究竟有没有灵魂。这属于哲学范畴。科学家们第二关注的是，如果人有灵魂，那么它是物质吗？实验者死后减少的那21克，真的就是灵魂的重量吗？有没有可能是身体其他部分的重量呢？针对这一点，麦克杜格尔医生并没能给出符合逻辑的答案。被关注的第三点，也是麦克杜格尔医生自己承认的失误所在。他总共对六个人进行过实验，其中两例是无效的，也就是说，真正成功的只有四例，样本过少，也有可能直接影响实验结果的准确性。

实验 8 爱情的气味

快眼看实验

地点	瑞典卡罗林斯卡研究所
时间	2005年
主持人	伊万卡·撒维西·伯尔格伦德
目标	测量性倾向的味道
特点	同性恋和异性恋区别对待
脱线指数	★★★
可模仿指数	★★（借鉴科学家们的理论，只要实验设备选对，即可得到实验结果。）

全实验再现

还记得2006年那部著名的电影《香水》吗？在这个选题新颖的故事中，主角是一位对气味有着敏锐感觉的天才，他为了寻找最美的味道而走上杀人之路，最终如愿以偿地制造出了让所有人都迷恋的味道。这个最终的味道，只要人闻了就会为之疯狂，产生爱慕之情。

爱情里，也是有着同样的味道的。一项实验研究表示，同性恋的男人和异性恋的女人，对男性气味分子的反应是相同的。虽然这项实验的研究对象并不多，但在某种程度上，说明了性倾向编码在大脑中的一种可能方式。

在动物界中，大多数的动物都是依靠气味来选择伴侣的，它们脑中负责交配的区域，就像是一扇大门，而负责打开这扇大门的钥匙就是配偶身上的气味，这种气味被称为外激素，也叫作信息素。生物学家们发现，人类的脑中也有“这扇大门”，位于下丘脑前端，同样具有唤起性意识的功能。但这个区域和其他动物不同，并不和鼻子直接相连，所以外激素在人体中的作用才一直未能被清楚认识。

生物学家们经过研究发现，人类的外激素中，一种叫作AND，由男人的汗液排出体外，是睾丸激素的变种；另一种叫作EST，由女人的尿液排出体外，是雌激素的变种。有一些生物学家提出，在性爱生活中，男人的汗液能够启动女性的外激素，提高性意识及排卵能力。但这种说法是否属实，还没得到科学认证。

为了得到这个说法的科学认证，瑞典卡罗林斯卡研究所的伯尔格伦德领导了一个小组，找到36位志愿者，这些志愿者分别是12位异性恋的女人、12位异性恋的男人和12位同性恋的男人。伯尔格伦德让他们去闻微量的AND和EST分子，同时用PET（正电子发射断层成像）设备来观察他们的脑部运动。

经过严密的实验，伯尔格伦德发现，闻过AND的气味，同性恋的男人和异性恋的女人脑中性意识区域的血液流动加快，而异性恋的男人则没有感觉；闻过EST的气味，异性恋男人脑中的性意识区域血液流动会加快，而同性恋的男人则没有感觉。

这个实验结果充分说明，同性恋的男人和异性恋的女人对于气味的需求是一样的。

其实，早在伯尔格伦德的这次实验之前，芝加哥大学的马莎·迈克林塔克就和她的助手们做过一个类似的实验，让几位女性在丁香味、漂白剂味，和由男性连续穿了两夜的衣服发出的气味中做出选择，

最让爱美的女性们青睐的，不是前两种带有香味的味道，而是后者。在两性HLA对比的基础上，马莎·迈克林塔克和助手们发现，女性更喜欢闻和她的HLA（人类白细胞抗原系统）差异处于中间程度的男性身上发出的气味，完全相似或完全不同HLA的男性发出的体味则不被青睐。而如果将该女性父亲的HLA和这些受青睐的男性的HLA相比较，就发现它们有很好的相关性。

马莎·迈克林塔克和助手们由此判定，女性气味倾向与父亲的基因有关，同样的相关性和以前有关狒狒行为实验的研究结果一致，某种程度上可以互为验证。

IN 视角

伯尔格伦德的实验，说明同性恋的男人和异性恋的女人爱的是一样的气味，都是发自男人汗液中的AND。但这个实验结果遭到了很多人的反对，他们对伯尔格伦德提出，大众对该实验的结果必须谨慎对待，因为同性恋的男人们，之所以和异性恋的女人喜欢的味道相同，可能不是先天的动物性对雄性外激素有反应，而是与男人保持性关系所导致的后天结果。

实验 9 断肢再生

快眼看实验

地点	英国的伦敦大学
时间	2007年11月
主持人	阿诺普·库马尔、布罗基斯
目标	研究细胞使得人体断肢再生
特点	向动物的天性学习
脱线指数	★★★
可模仿指数	★（能堵得住人权主义者的悠悠之口，也许能进行类似的人体实验。）

全实验再现

几乎所有伟大的实验灵感，都源自平凡的生活，阿诺普·库马尔的人体医学实验也不例外。

阿诺普·库马尔是伦敦大学人体医学方面的教授，这天他陪儿子到动物园玩耍，一直在他前面蹦蹦跳跳的儿子，突然惊吓着向他跑过来。

阿诺普抱住儿子问："前面发生了什么事？"

孩子紧紧揪住他的衣领，指着前方说："那里好恐怖！"

阿诺普抱着儿子往前走，没走出几步就看到了让儿子害怕的"东西"，那是一个乞丐，左胳膊和左腿都断了。

阿诺普尔轻声劝慰着儿子："那个叔叔已经很可怜了，你要帮助他，而不是嫌弃他。我们去帮帮他好吗？"

儿子点点头，把阿诺普递给他的一元硬币放到乞丐的讨饭盆里。

阿诺普和儿子在动物园里玩得很开心，当他们走过热带动物馆时，儿子问了他一个问题："爸爸，火焰蝾螈如果断了四肢是可以重新长好的对吗？"

阿诺普回答说："是的，它具有一种'特异功能'，当它的肢体被切断时，不久之后会重新长出新的肢体。"

"那它的'特异功能'能不能让刚才那个叔叔也学习一下呢？"孩子天真地看着阿诺普，期待着爸爸的回答。

这个天真的问题在阿诺普的心里激起了千重浪，作为一个研究人体的专家，他见过太多的断肢伤员，也知道他们心里的痛苦，如果真的能研究出让断肢再生的方法，无疑可以救助很多人。

回到学校后，阿诺普立即投入实验中，经过研究，他发现火焰蝾螈所具有的肢体重生能力，主要源自一种叫作nAG的蛋白质分子，这种蛋白质有助于火焰蝾螈干细胞的刺激繁殖，最终生出新的肢体。

参与这项实验的工作人员曾对记者解释说："火焰蝾螈的胚基细胞在断肢点能够重新发育生长，并且依照之前肢体的模型，分离出相同形状的趾节。如果有一天这项重生技术应用于人体医学领域，如某位患者的手腕被切除，新的细胞组织就能够发育生长出新的手。”

在实验中，阿诺普及研究小组同事将一只红色火焰蝾螈的肢体和附着的神经组织进行切除，这些神经是刺激nAG蛋白质生长的必要组织，因此，这个切除意味着火焰蝾螈nAG蛋白质生成的来源也被切断了。

之后，他们采用电脉冲对断肢点进行电击刺激，并向nAG蛋白质送递很少的DNA携载基因，经过30～40天，火焰蝾螈之前的断肢重生，肢体上的所有脚趾也都复原了。但是新的肢体比最初肢体的肌肉组织要少一些。这证实了nAG蛋白质分子对胚基细胞产生直接作用，导致断肢点能够重新生长出新的肢体和趾节。

虽然取得了一些成绩，但人体肢体再生的研究还是有漫长的路要走。

IN 视角

事实上，阿诺普不是第一个进行肢体再生实验的人，早在很多年前，美国辛辛那提市一位男子，在一次意外事故中失去了一段指尖，后来他采用猪膀胱作为肢体嫁接物质进行手指重生。六个星期之后，他原来失去的那一段指尖，竟奇迹般地生长出来，虽然这只有一小段手指重生，而且这是一项医学案例个例，但这为人类肢体重生带来了希望。但遗憾的是，一些国家政府明令禁止干细胞研究用于重生医学领域以及私人性质的干细胞研究，这也使得该领域的研究道路仍十分漫长。

实验10

一半是机器一半是人

快眼看实验

地点	英国的雷丁大学
时间	1998年起
主持人	凯文·沃里克
目标	将自己变成电子人
特点	死了也要变成机器人
脱线指数	★★★★★
可模仿指数	★（珍爱生命，远离电子人。）

全实验再现

众所周知，我们每个存活于世界上的人，都是精子和卵子相结合的产物。英国顶尖科学家凯文·沃里克自然也不例外，只不过他想要的不仅仅是健康的肉身，而是让自己变成一个电子人。

电子人，也就是人与机器的结合，这是科幻小说中经常能看到的桥段，但凯文·沃里克却想把他变为现实。由于他大胆地将计算机芯片植入身体，也因此被称为“世界上第一个电子人”。

1998年，凯文将妻子带到他的工作场所，向她展示他的成果：大门在他面前会自动打开，实验室的灯也会随他的出现而自动亮起，当他走到计算机前，计算机还会向他说：“你好！凯文·沃里克教授。”

妻子目瞪口呆，她反复在凯文身上寻找遥控器，但结果让她失望了。

“这太神奇了！你看起来就像是能控制世界的神明，你是怎么做到的？”妻子感慨地问道。

凯文哈哈大笑起来，挽起袖筒对妻子说：“我在手臂的皮下组织，植入了一个识别芯片，当我走在实验楼里，实验楼里的计算机会利用这块识别芯片发出的信号知道我的位置，从而做出相应的反应。”

这个小实验震惊了全世界，2000年，凯文·沃里克不但获得美国麻省理工学院颁发的“未来卫生科技”奖，而且在英国皇家科学院发表了圣诞演说。

但这仅仅是他迈向“电子人”的第一步，凯文认为，识别芯片虽然植入左臂，但是未与神经连接，因此算不上人机合一。但他于2002年在牛津接受的一次手术，让他成为世界上真正人机合一的第一人。在那次手术中，医生将一块边长为三毫米的芯片植入他左腕皮下，芯片上100多个电极与他手臂主神经相连以接收神经脉冲信号。芯片再通过直接连接或无线电连接方式，把神经脉冲信号发送给计算机和智能化设备。

这下，凯文能展示给妻子和世人的奇迹就更多了。在一段记录他行为的影片里，他只需动一动手指，就能指挥一旁的机械手开合自如；他进入智慧屋，开关电灯、警报器都不用动手、动口；他能够通过网络，运用思维来控制电动轮椅，还能在某些实验中远程操作实验室中的一只假手；他利用一顶帽子上的感测器，透过植入的电极将电信号发送回大脑中，这样他即使看不见，也能够感觉到物体的存在……

同时，凯文的妻子伊琳娜也在手腕里植入芯片，以尝试在人与人之间进行电子信号转移。

当凯文抓紧拳头时，伊琳娜也会做出同样的动作，反之也一样。

凯文曾经计划在未来的实验中，将电极植入他的大脑中。但是，考虑到手术的风险太高，他决定等到年老时再实施这一计划，因为他现在还不想和这个世界说再见。

不管世人愿不愿意人机合一，凯文在上海进行“科学与探索”系列讲座时，借用了电影《终结者》主角说的一句话来表明自己的态度：“我会回来的！”

IN 视角

尽管因为自己的实验而闻名世界，但凯文·沃里克受到的批评也不少，外界指责他实际上是个炫耀者而不是科学家。一些批评人士甚至指责凯文的创造性思维能力已经超过了他的科学能力。这些批评者宣称，凯文在自我宣传方面的确有一套，可是，由于他拿不出有意义的数据，所以，从某种程度上说，他是控制论领域的一块笑料。但凯文本人坚信，人类总有一天能让肉体跟机器相合并，心律调节器、耳蜗式助听器就是最好的佐证。

实验11 以科学为名，和自己过不去

快眼看实验

地点	法国私人实验室
时间	1889年5月15日
主持人	查尔斯·爱德华·布朗·西廓
目标	实验狗精液和人体交融的结果
特点	怎么疯狂怎么来
脱线指数	★★★★★
可模仿指数	★（凡夫俗子还是放过自己吧！）

全实验再现

精液，是指雄性动物或人类男性在射精时，从尿道中射排出体外的液体。按照这个概念，我们不难推断，雄性动物或人类男性都有其自己的精液。但是，将动物的精液融入人体内，你能想象会发生什么样的事情吗？

查尔斯·爱德华·布朗·西廓是享有盛名的法国医学家，他一生对法国医学界做出过不可磨灭的贡献，但这位医生在老年时做出的一个实验，却将他一生的名誉都毁了。

那是1889年5月的一天，查尔斯将自己锁在实验室中，这个实验他做得极其隐密，任何人他都不让知道，连他最得意的助手都不了解这次实验的过程和目的。

查尔斯的这次实验进行了整整一个上午，即便是年轻人，做一个上午的实验也会觉得筋疲力尽，但当这个年过古稀的老医学家从实验室里出来的时候，表现出的状态却是神采奕奕。

直到做完这个神秘的实验，他也没有向亲人和助手宣布实验过程，他身边的人只觉得那天实验之后，查尔斯变得更有精神，时常呈现出年轻人的状态。

一个月后，查尔斯主动邀约媒体对于这次实验进行报道，节目播出后，一时之间，人们对这位老医学家褒贬不一。

查尔斯的实验步骤说起来很简单，他在自己的实验室中，先是将一只狗的睾丸捣碎，接着，将其精液和精囊腺混合在一起，然后用水稀释，注入自己左臂的静脉。

他希望能通过这种方式，赢得更年轻的力量来源。

而查尔斯本人在面对媒体时也爆料说，自己能够更长时间地工作，或是更快地爬楼梯。这位年逾古稀的医生甚至还表示，自己的性能力都有了改善。

不过，很快有一些科学家面对媒体提出了自己的质疑，他们怀疑查尔斯的“重返年轻”现象不是狗精液的效果，而是一种安慰剂效应。查尔斯本人相信，年轻狗的精液能给他带来更年轻的体验，于是在心里催眠了自己，使自己呈现出暂时的年轻状态。

不管同行们或者媒体怎么评价查尔斯的实验，这次报道还是引起了全社会的关注，很多人慕名前来，想要做同样的实验，却都被查尔斯拒绝了。但他的拒绝并没有能阻止想要恢复年轻状态的人群的热情，很多人模仿他的实验，在自己身上也注射了同样的液体，不幸的是，很多人因此得了败血症。

IN 视角

科学研究从来就不是一件轻松简单的事情，特别是在条件艰苦的时候，科学家们为此付出的努力，往往是常人难以想象的。虽然查尔斯做的这个实验，一方面是出于自身的考虑，一方面又太过于恶心，但他不顾生命危险，拿自己身体做实验，他这种对科学真理的探究精神，还是值得赞赏的。

实验12

戴上头盔，和上帝通话

快眼看实验

地点	加拿大劳伦森大学
时间	20世纪80年代
主持人	迈克尔·波辛格
目标	活着见到上帝
特点	戴上改制的摩托车头盔，你就能看到上帝或者死去的亲人
脱线指数	★★★★★
可模仿指数	★★★（高手在民间，社交网站上已经有自制上帝头盔出售。）

全实验再现

世界上最痛苦的事情莫过于白发人送黑发人，对已年逾古稀的杰克森来说，最大的心愿就是能在离开人世之前，再见一次自己的儿子。可是，人死不能复生，谁都没有办法完成他的这个愿望。

20世纪80年代的一天，杰克森突然在报纸上看到了一则广告，上面写着：如果您想见到自己已逝的亲人或者是上帝，请联系迈克尔·波辛格教授的实验室，我们能达成您的愿望。

这则广告彻底勾起了杰克森心中的欲望，他放下报纸就来到了迈克尔·波辛格教授的实验室。

迈克尔·波辛格是加拿大劳伦森大学的神经学系教授，他热情地招待了杰克森，将他带到一个空荡荡的房间里，让他戴上一个看起来像是摩托车头盔一样的东西，然后就离开了。

等到两个小时之后，杰克森从房间里走了出来，老泪纵横地拉住迈克尔·波辛格教授的手："感谢您，我没想到在死去之前，还能再见一次我的儿子，他告诉我，他在天堂过得很好。"

迈克尔·波辛格教授点点头："这正是我发明上帝头盔的初衷。"

"上帝头盔"实验是基于RTMS（经颅磁刺激技术中的一种刺激模式）设计的，这个经过改装的摩托车头盔，能透过电磁波针对性地影响大脑中的特定区域中颞叶区（太阳穴部位），使神经细胞的活动增强。据迈克尔·波辛格教授描述，通过这种方式，参与者会产生濒死体验，如亮光、上帝现身，或者像杰克森这样见到已故亲人。

迈克尔·波辛格教授的这个实验，很快就在科学界引起了关注，很多想要见到上帝的人纷纷来到他的实验室进行实验。迈克尔·波辛格教授在接受媒体采访时称，至少有80%的参与者出现了宗教体验，他们在本来只有一人的房间里，都感觉到了另外有神秘人物的出现。不过，他们的感受各不相同，有的说是看到了他们最想见到的上帝，有的说是见到了已经去世的熟人。

在名声大噪的同时，迈克尔·波辛格教授的实验也遭到了质疑，以批评宗教著称的无神论者理查德·达金斯毛遂自荐，主动提出测试波辛格的“上帝头盔”。实验后，达金斯在接受英国广播公司采访时承认，他觉得非常失望，他并没有体验到与宇宙的交流，或其他一些精神感受。值得一提的是，一个以前经历过濒死体验的人，也接受了波辛格“上帝头盔”的测试，也没有得到他想要的结果。

IN 视角

在很多年后，一些科学家动用了神经成像技术，来观察在宗教体验时，大脑各个部位活动与常态的差别。他们将放射性显迹物注入一个佛教徒的血液，然后在佛教徒完全入定后，对大脑中血流分布进行成像。结果发现，除了预期的中颞叶区的超常活动外，主管时空感的颅顶叶皮层活动几乎完全停止。没有了时空感，人就丧失了自我感觉。一些宗教仪式，便是有意使信徒丧失时空感、丧失自我，感觉和一个博大神秘的对象融为一体，从而得到强烈的宗教体验。

实验13 “我曾有一个猴妹妹”

快眼看实验

地点	美国
时间	1931年6月26日
主持人	温斯洛普·凯洛格
目标	把猴子培养成人类
特点	凯洛格想把猴子变成人类，却把人类变成了猴子
脱线指数	★★★
可模仿指数	★（孩子的童年只有一次，要尽全力保护而不是破坏。）

全实验再现

1927年，29岁的美国科学家温斯洛普·凯洛格，无意中阅读到一篇关于狼孩的报道，报道中提到两个在狼群中长大的女孩，她们和狼一样，无法直立行走，双手只是作为爬行的辅助。当她们被发现并带回人类社会后，尽管学会了直立行走，但夜间嚎叫、扑杀鸟类和吞咽食物的习惯都没能改变。

这篇报道中也提到了专家的看法，专家认为，这种现象的出现是因为狼孩的智力低下。但温斯洛普却不这么认为，他觉得两个女孩的怪异行为，完全是在环境的诱导下自然习得的，和她们的智商完全没有关系。为了验证自己的假设，他发表论文说，把一个智力正常的孩子扔到荒郊野外分析他的行为，是绝对有必要的。

论文一发表就引起了轩然大波，最终，人们都认为科学不能逾越道德和法律的限制，坚决抵制温斯洛普做类似的研究。

既然不能把人类的孩子放到荒郊野外，那么把动物的孩子放到人类中生活呢？

1931年6月26日，温斯洛普在征得妻子的同意后，将一只只有七个月大的猴宝宝接到自己家中，为她取名古亚。他对妻子说，古亚不能被当成宠物，而要把她视为家里的成员，和自己刚满九个月的儿子唐纳德同等对待。

在接下来的一年内，温斯洛普家里经常会出现这样的场景：温斯洛普的妻子推着婴儿车到院子中散步，婴儿车中坐着他们的儿子和猴宝宝古亚；在吃饭的时候，饭桌旁放着古亚和唐纳德的小座位，两个孩子一起学习如何用勺子吃饭，一起学习如何上厕所；温斯洛普的妻子每天会为两个孩子量体重、血压和身高；甚至在周末的时候，一些家长还会带着自己的孩子来和古亚、唐纳德一起玩。

温斯洛普对媒体称，他希望这次的实验能够彻底澄清一个事实，那就是在动物（包括人类）的成长过程中，发挥决定性作用的是本性还是学习，是环境还是遗传。如果猴子没有和孩子一起成长，那就是本性发挥了决定性作用；如果他们能一起长大，那就是环境的力量发挥了作用。

这次伟大的实验只持续了九个月的时间，在这段时间里，温斯洛普做过一次关于惊吓反应的实验。他用仿真玩具手枪，在两个孩子背后发出声音，孩子们的反应相似。但不幸的是，古亚很快学到了这个“本领”，和别的孩子一起玩耍不开心时，她会用仿真玩具手枪吓别的小朋友。

在九个月的实验时间中，古亚的成长是有目共睹的，她比唐纳德更听话，会用亲吻请求原谅，在上厕所之前，她也会提醒自己的“妈妈”。当温斯洛普把饼干吊在天花板上摇晃，她能比唐纳德更快地做出反应要使用椅子。

在这九个月中，唐纳德只学会了三个单字，而他同龄的孩子早就学会了超过九十个单字，并能准确地用这些单字造句。在和古亚的相处中，他也很好地扮演了模仿者的角色。古亚发现玩具的新玩法，他会去模仿，甚至会为了得到一个橘子而发出和古亚一样的喘息声。

温斯洛普这才悲哀地发现，想把古亚变成人，没想到却把儿子唐纳德变成了猴子。

温斯洛普的实验，受到了许多科学家的批判，很多民众也认为他是故意哗众取宠。他自己在《猿猴与儿童》（*Ape and the Child*）一书中写道：“这样的研究行为需要一个勇敢的科学家，他能够面对一切因无法理解而将实验归于荒唐的评判。”

《猿猴与儿童》出版后，温斯洛普便将自己的研究方向转向了其他领域。

IN 视角

很难说温斯洛普的实验，到底对古亚和唐纳德造成了怎样的影响。他的儿子唐纳德在实验后迅速回归人类社会，后来考上哈佛大学，毕业后成为一名精神科医生。1972年，享年74岁的温斯洛普去世，一个月后，他的妻子也去世了。唐纳德在父母双双离世后选择了自杀。而他的猴妹妹，在实验结束就被送回到自己的亲生母亲身边，一个月后就去世了。

实验14 爱挖尸体的科学怪人

快眼看实验

地点	德国达姆施塔特附近的弗兰肯斯坦城堡
时间	1673～1734年
主持人	约翰·康拉德·迪普尔
目标	寻找长生不老药
特点	从尸体里寻找可以制造生命的材料
脱线指数	★★★★★（绝对是人间指数级最高的奇葩科学怪人！）
可模仿指数	零（奉劝大家连想要模仿的念头都不要有！）

全实验再现

漆黑的夜空里，唯有暗夜的星和朦胧的月，德国达姆施塔特附近的一处墓地里，传来了窸窸窣窣的声音。

一个新建的墓碑旁有个黑色的影子，此时正举着一把铁锹将墓穴旁的松土铲回墓穴中，松土旁则是刚从墓穴中挖出的新鲜尸体。

掩埋好墓穴，黑衣人扛起尸体，放进汽车后备厢，很快就消失在了夜色中。

20分钟后，城郊一处巨大的城堡中，有处房屋的地下室内闪着微弱的灯光，灯光下，赫然正是刚从墓地赶回来的黑衣人。他眼里有着狂热的亮光，一旁的手术台上摆着那具新鲜的尸体。

地下室另一边的角落里，有口架起的大铁锅，里面的半锅水已经差不多烧开了，还有根长长的试管连接着一台巨大的蒸馏器。黑衣人将尸体肢解成小块，一股脑儿放入了铁锅中，等待了半个小时，那台蒸馏器中滴下了油脂状的物体。

地下室一排透明柜子里，整齐地排放着不同的拼装尸体，竟然是由不同的尸体部分组成的人类的样子！而尸体旁还有一排小的玻璃瓶，里面是各种泡着福尔马林的动物器官及骨头。

这个举止怪异的人叫约翰·康拉德·迪普尔，而这个恐怖诡异到令人毛骨悚然的地下室，就是迪普尔长年进行科学实验的地方。

迪普尔从小就出生在这个叫作弗兰肯斯坦的城堡，当时他已经是德国小有名气的解剖学家和哲学家，但不为人知的是，他最热衷的并不是救死扶伤或者吟诗，而是去偷窃坟墓里的尸体，将他们肢解并在大锅里煮。而这一系列恐怖的行为，只是因为迪普尔一直深信这世间有长生不老的药物，或者说有可以通过人工的方式创造生命的途径。

迪普尔将人类的尸体和动物尸体里的血液、骨骼以及毛发等都混合在一起，透过蒸馏提炼，生产出了一种色彩诡异的液体，他兴奋地给这种液体取了个叫作“迪普尔神油”的名字，并开始公开叫卖出售。一开始，人们都一窝蜂地购买，但有人觉得味道非常奇怪，甚至有人在液体中，发现了没有处理完全的人类小指骨，顿时整个弗兰肯斯坦都喧哗了起来！人们愤怒地指责迪普尔，建议绞死他。这时又有人告发迪普尔长年偷窃尸体的行为，就这样，迪普尔从受人尊敬的医生，变成了人人喊打的过街老鼠。

迪普尔被赶出了从小生活长大的弗兰肯斯坦，栖居在墓地不远处的一处破屋里，但最让他伤心的并不是离开城堡，而是那些耗费他多年苦心，四处搜寻材料建成的实验室。

那些尸体都被人们一把火烧光了，实验室也被砸得稀烂，人们借此宣泄着自己内心的恐惧和愤怒。人们认为迪普尔是恶魔在世，若是上帝知道了他的行径，会给整个弗兰肯斯坦城堡带来永世的厄运。

IN视角

虽然世间伟大的人，大多有着阴暗的内心和不为人知的秘密，但是这位科学家既然已经拥有哲学家、炼金术大师、医生这么多美好的头衔，却为何还是无法满足，要去探索黑暗的世界呢？人类对于未知的好奇，有时是会害死人的！迪普尔的死也是被自己的好奇心所害，暂且算他死得其所吧！

实验15

残酷的饥饿实验

快眼看实验

地点	明尼苏达州圣保罗大学
时间	1944年11月19日～1945年10月20日
主持人	安塞尔·凯斯
目标	饥饿对人类产生的影响
特点	人为制造长期的饥饿状态
脱线指数	★★★★★
可模仿指数	★★（虽说减肥不变的真理是要少吃，但是这个实验也实在太过残忍，吃货们要怎么活啊！）

全实验再现

“1945年6月12日，控制饮食摄入阶段的第四个月，已经有人开始表现出与平日人格截然不同的行为特征。

莱斯利今日要去餐厅做实验，由于我们设定的同伴原则，他邀请了默克和他同行。在餐厅里，他们盯住了一位穿着考究的女士，那位女士坐了很久，只点了一份意大利面却没吃几口，芝士蛋糕也剩了一半，看起来像是有什么心事。

莱斯利和默克在女士离开餐厅时冲上前，以遭受世界饥荒的状态来指责她对食物的浪费，那个女士大叫着跑开了。

他们并不知道我开车在附近跟着，我只是想确认他们是否可以承受得住诱惑，尽管他们经过考验，但怒气却一直没有消，两人不停地咒骂着直到回到实验室。”

以上这段描述来自安塞尔·凯斯的日记。

当时，他已经是小有名气的生物学家，他为军队检测士兵们的食品包，分析研究什么样的食品会导致士兵的疲劳及营养流失。战后，他转向研究半饥饿状态会对人们产生怎样的影响。

凯斯找到相关机构合作，让他们发起了一项活动，并分发传单招募志愿者，传单上印有“你愿意为了让别人吃得更好而挨饿吗？”很快有100多个拒服兵役的人报名了此项活动，经过筛选，留下了36人，并将他们带入大学里设置的实验住所。

整个实验分三个阶段：第一阶段三个月，以观察人们正常进食的细节；第二阶段为时五个月，每天参与实验的人们只能分得两餐，一餐在早上八点半，另一餐是下午五点，而他们仅能进食面包、胡萝卜、卷心菜以及马铃薯，这些都是按照欧洲当时的饥荒饮食来设置的；最后有三个月作为恢复期，让人们恢复到他们之前的正常进食分量。

很多人都在实验中表现出不同程度的情绪低落、易怒以及痛苦，他们体重下降、头发脱落的细节都被记录了下来，甚至有人在他们的每日记录里写下了想要吃人的想法！这是个看起来很残忍的实验，很多参与实验的人在实验结束后改行去做了与食物相关的工作。

尽管当时有很多人在讨论安塞尔·凯斯的做法是否游走在伦理道德的边缘，但是凯斯的确没有强迫任何人来参与这项实验。

更为有趣的是，这项耗时近一年的实验，被很多参与实验的人称为自己一生中最为重大的事件，并且很多还保持着定期聚会交流的习惯。尽管他们已经恢复了正常的身体功能，依然还是时常有曾经那种饥饿的感觉，甚至有人吃吐了还会继续进食，生怕哪天又再次回到无法吃饱的日子。

如此看来，凯斯的饥饿试验，对于被试者的心理摧残远超过对他们胃的伤害。

IN视角

听闻印度有寺院开设“内观”课，前去的人需放弃一切与世俗有关的东西，例如现金、手机、电子设备、华丽的衣物等，统一归寺院保管。而在内观过程中，多为七天，需穿僧服，与僧侣同步进行斋坐诵经，不得彼此交流讲话，只与自己的内心对话。

这种课看起来就像凯斯的饥饿实验一般，强行让人们从众多的焦点中，转移到对单一事件的关注，在一定程度上会对人的行为习惯、思想心态产生深远的影响。

实验16 大便迷你人

快眼看实验

地点	瑞士苏黎世
时间	欧洲文艺复兴时期
主持人	帕拉塞尔苏斯（即菲利普·提欧弗拉斯图·奥利欧卢·邦巴斯图·冯·海因赫姆）
目标	创造人工的生命
特点	用炼金术造个迷你人
脱线指数	★★★★★
可模仿指数	★（其实不该推荐模仿！可是若有无聊人士，真心能忍住恶心尝试且成功的话，请一定告知！）

全实验再现

昏暗的实验室里弥漫着腐臭的味道，桌子上摆满了透明的玻璃烧瓶，烧瓶里有些放的是绿色的草药，有些放的是动物和人的粪便，还有些呈半透明状黏糊糊的东西，竟然是人类的精液！

这些外人看来令人作呕的东西，在帕拉塞尔苏斯心中，却是最为神圣美妙的东西！

作为文艺复兴时期享誉盛名的炼金术师和医师，帕拉塞尔苏斯一生最大的梦想，就是能够将他所擅长的炼金术和自然医学结合起来，创造一种新的医学化学科学。那些在别人眼里神秘的炼金术，对他来说，只不过是把天然原料转变为能对人类有好处的一门科学而已。

帕拉塞尔苏斯总是觉得女性的体液会污染新生婴儿，甚至认为婴儿正在孕育时，就已经处于被污染的环境中，他并不希望人类是这样的产生过程，于是进行各种实验研究，希望寻找到可以制造出纯洁干净的婴儿的方法。

最终，他发现了可以人工造出人类生命的方法。

帕拉塞尔苏斯每天收集自己的精液以及粪便，将其存储起来，到达一定的量后，连同一些草药一起装入烧瓶密封。实验室的角落有一堆马粪，马粪堆里有很多个这样的玻璃烧瓶，四十天后，瓶中会出现半透明的人形物体。

马粪堆旁阴暗却温暖的角落里，有三个玻璃烧瓶已经有了半透明的人形物体，但是很虚幻。帕拉塞尔苏斯每天要将活人的鲜血注入烧瓶中，期待人形物体长出人类的血肉来。他每天都在期待这些烧瓶中能真正出现他设想的小人，若是旁人看到他注视那些烧瓶的狂热眼神一定会吓到。

帕拉塞尔苏斯进行这个制造迷你人的实验已经三年了，仍然没有成果，没有一例能够成功，要么半途中烧瓶破了，要么没有半透明人形物体生成。最为接近的一次，他看到烧瓶里的小人似乎已经成形了，一激动打开烧瓶又立刻消散了！

“成了！成了！终于成了！哦，天啊！我的小家伙，你是如此纯净！如此美妙！”

这一次，经过40个星期每天用鲜血喂养，帕拉塞尔苏斯终于成功制造出一个可以算是人类的生命。他激动万分，尽管这个生命看起来只是像个迷你版的儿童，无法说话、无法移动、无法做任何事，但是可以张开小小的眼睛看向帕拉塞尔苏斯。

帕拉塞尔苏斯为迷你小人取名为何蒙库鲁兹，意思是炼金术师创造出的人工生命，并满怀期待地想要抚养这个小人。可是突如其来的变故就在此时发生，帕拉塞尔苏斯在激动中竟然晕厥过去，再也没有醒来！而据后来发现他的人描述，没有看到什么迷你的小人，只有一堆恶心泛着腐臭的玻璃烧瓶还在，而帕拉塞尔苏斯临死前，手中握的那个烧瓶也开了口，里面空空如也。

IN 视角

其实，这个实验整个过程也就是想脱离男女结合的场景，以马粪、烧瓶等模拟人类子宫的状态。

但是，真的可以成功吗？若是真生成了迷你小人，想想都是诡异的场景！历史上的确有不少人进行过这样的尝试，但是谈到这些为科学而如此敬业的科学家们，实在不知是该为他们感到骄傲，还是为他们感到羞耻。

实验17 精神病患者与天才的界限

快眼看实验

地点	加州大学欧文分校
时间	2005年10月
主持人	詹姆斯·法伦
目标	寻找大脑的解剖图式与现实中心理变态倾向的联系
特点	实验过程中竟发现自己才是最佳实验人选
脱线指数	★★★★
可模仿指数	★★（值得模仿，但不得不担心这随时会爆的隐形炸弹！）

全实验再现

詹姆斯·法伦是加州大学有名的精神病学家，他对人类大脑结构的了解，如同了解自家卧室里床的摆放位置。美国系列电视剧《犯罪心理》（Criminal Minds）的编导们经常找他客串剧中的角色，他的生活比一般人都要丰富多彩。

最近，某大学又给他安排了一个项目指导，其实也是受《犯罪心理》的影响，随着此剧的热播，人们对心理变态以及连环杀手都产生了浓烈的兴趣，所以这个项目是给他分配了上千张历史上被逮捕的连环杀手们的大脑扫描图，让他通过筛选研究，找出这些连环杀手的大脑解剖模式与现实生活中心理变态倾向的联系。若是这个实验能够成功找出相关资料证实的话，将为美国犯罪率的下降作出巨大的贡献。

这一天，阳光明媚，法伦哼着歌曲，选了个舒服的姿势坐着，浏览着一张张的脑部扫描图，有正常人的、精神分裂症患者的、沮丧患者的、连环杀手的，他也把自己家人的脑扫描图一起放在桌子上准备一会儿也看看。在这上千张的扫描图中，他逐渐发现的确有不少是有共性的。正在记录共性的时候，一张非常明显呈现病态的扫描图进入了他的视线，这张扫描图明显在特定区域的额叶以及颞叶，几乎没有活动的迹象，这样的扫描图，绝对可以证明这个人属于精神分裂症的范畴。

法伦兴奋地去翻找扫描图，居然发现是他家族成员的那叠扫描图里的。他急忙跑去检查了一下实验室的PET机器是不是发生了故障，据他所知，家里并没有人有精神病的征兆。结果发现，机器一切运行都是正常的，在惊奇之余，他开始一张一张仔细翻看查找家族成员的脑部扫描图，最后他震惊地发现：那张显示精神病症状的脑部扫描图，竟然写着一个他再熟悉不过的名字——詹姆斯·法伦！

直到回到家中，法伦都没反应过来今天究竟发生了什么事，母亲看儿子魂不守舍的样子，就问他发生了什么事，法伦就把看到的脑扫描图的事跟母亲说了。谁知道母亲却说：“你之前还去参加那个什么电视节目，我当时都不好意思说，你父亲的家族的确有好几个精神病患者！”

法伦跟母亲探讨了半天才弄明白，引他进入心理学领域的那本书里儿子弑母的原型，竟然是自己的祖先！而他的大家族细细查来，竟然出现过七个精神病杀手！其中就有美国历史上臭名昭著的丽齐·伯登，那个在1892年杀了自己父亲和继母的女杀手。据说，自己家族内，每30年左右，就会出现有精神病基因遗传的一代，而他这代刚好就在那个时间点上。

这些信息量对法伦来说实在太大，他用了一天的时间消化完之后，认真反思了自己的内心状况，然后选择上了TED节目，在全世界观众面前揭示了自己家族的故事。他说，“我是个讨厌竞争的人，我并不会要求自己什么比赛都要赢，我的确也会有很多咄咄逼人的时候，但这种时候我通常宁可和人家争辩也不会抡起拳头就上去。”“我的确有精神病的症状潜伏，但我控制了自己行为，我从来没有杀过人，或者犯强奸行为！我想，可能是因为很多人都爱我，在我出生之前，我母亲多次流产，因此，我出世后，所有人都对我爱护有加，这种爱护保护了我，也让我的那些暴力因子得到了控制。”

那次的TED节目，让很多人都印象深刻，当然也不乏有人认为法伦是在炒作自己，无论如何，这个被自己诊断为精神病患者的精神病学家，让全世界为之震惊。

IN 视角

这恐怕是科学史上最囧的时刻了，作为著名的精神病学家，平日里都是诊断和治疗别人的精神问题，有一天竟然发现自己才是最为合适的实验人选，这种复杂的心情，想必一定令自己印象非常深刻。

实验18 记忆的密码

快眼看实验

地点	荷兰阿纳姆–奈梅亨大学
时间	2012～2013年
主持人	马里金·克勒斯（Marijin Kroes）
目标	记忆重组
特点	并不是彻底消除记忆，而是只消除那些不悦的记忆
脱线指数	★★★★★
可模仿指数	★★★（有可能电到只剩快乐回忆，也有可能电到自此癫痫不再正常，一切在于运气。）

全实验再现

偌大的医院里，少有人走动的气息，只有空空荡荡的走廊和似乎永远会被人盯着的寒意。一阵清晰刺耳的脚步声渐渐逼近，还有一丝推床轮子滑过地面的声响，这些声音都消失在走廊尽头幽暗的灯光笼罩的一间手术室中。

推开那间诡异的手术室门，里面竟然是一片纯白，墙壁、地板仿佛都是抛光打磨过般洁白光滑，一排整齐的透明玻璃柜，房间正中是一张白布覆盖的手术床，床头有个头盔形状的仪器，连接着各式各样的线。此刻，正有一个人躺在手术床上，四肢都被固定在床边，嘴也被塞住了，双眼惊恐地看着医生冷笑着将那个头盔罩在了他的头上，然后一阵电流通过，这个人发出了凄厉的惨叫……

是不是很熟悉的场景？

以上是很多电影中常见的镜头，就像《飞越疯人院》一样，通常手术后，那个病患就变成了白痴般的人，所以这是非常令人恐惧的电休克治疗，用以消除人的记忆。

丁克是一名忧郁症患者，他已经有六年的病史了，这种看不见、摸不着的病，折磨得他形销骨立，在他清醒正常时，寻找了各种声称可以治疗或是哪怕缓解他的病症的方法。当他看到传单上写着“还你一个纯粹快乐的世界，免费参与治疗”时，就义无反顾地报了名。

他来到一座大楼，里面有一个自称神经学家克勒斯的医生以及一些护理人员，同时还有九名和他一样前来参加免费治疗的患者，但他们并不知道治疗的方式。克勒斯见人都到齐了，就向大家详细介绍了实验的过程以及有可能产生的风险：“实验当中会采用电休克的治疗方法，就是会用电击的方式来进行记忆的干预，如果成功，那将会消除你所有不开心的记忆，只留下快乐的记忆；若是失败，也会面临癫痫的风险。你们可以自行选择！”

克勒斯的话，让大家有些犹豫，经过一阵讨论，有两人选择了退出，其余的人都是备受各种精神折磨，哪怕有1%的机会也会去尝试。

克勒斯让护理人员将八个人分别带入不同的房间，同时给他们播放了两段看起来并不那么美好的短片，一段是关于凄惨的车祸现场，另一段是残忍的暴力事件。

短片播放完，克勒斯逐一给八个人进行了记忆测试，在他们对那两段残忍的短片进行回忆的同时，加入了电休克的治疗方式，电流一遍遍通过受测者的大脑。

一天之后，在对八位受测者进行各项记忆测试时，他发现这些受测者对那两段短片的记忆变得模糊起来。

这一颠覆性的进展，让克勒斯兴奋不已，他带领自己的团队，已经在四十二名忧郁症患者身上进行过尝试，效果均很明显。

于是，他声称电休克治疗的核心是为了重组记忆，而不是完全把记忆抹去，只是会让人忘记那些曾令人不悦或不安的记忆。

IN视角

若是真能把所有令人不悦或不安的记忆全部清除，只留下那些幸福美好的记忆，听起来非常让人期待，但仔细一想，很多并不美好的记忆，恰恰就是促进人类不断进步成长的动力。若没了它们，单纯的快乐似乎并不值得挂念，长此以往，恐怕快乐也会变成令人不悦的记忆，所有的努力就都白费了。克勒斯的实验重点在于并没有清除记忆，只是妨碍了记忆的重组，倒是个新鲜的领域和方向，在现在浮躁的社会中，似乎如同救命稻草般欢愉地向人们招手。

实验19

起死回生的尴尬

快眼看实验

地点	美国加利福尼亚大学
时间	1934～1935年
主持人	罗伯特·科尼什
目标	起死回生
特点	令人兴奋的实验设想被扼杀在了萌芽状态
脱线指数	★★★★★
可模仿指数	★（首先，这是技术活，不容易模仿；其次，实验对象实在太难找，奉劝大家果断放弃！）

全实验再现

在美国加利福尼亚大学生物楼不远处的一个隐密的小花园中，有人正推着秋千荡来荡去，可是秋千上坐的并不是可爱的小朋友，而是一只完全趴着不动的狗，那副景象异常诡异。

推秋千的人叫罗伯特·科尼什，是加利福尼亚大学生物系的一位教授，而秋千上的，你完全猜不到，竟然是一只死狗！那只因窒息而死的狗，此刻正躺在秋千上荡来荡去，而这诡异的情景，被罗伯特教授解释为“促进它的血液循环”。

罗伯特·科尼什教授从小就是个醉心于新鲜事物的人，但他所关注的焦点，通常都是其他同龄人完全不感兴趣的事情，这使得罗伯特·科尼什从小自己独立活动的机会多过与其他人的相处时间，别人也常在私底下以怪人来称呼他。而从罗伯特留在加利福尼亚大学担任生物系教授之后，他更是把自己关注的焦点，放在了别人从来也没想过的一个领域——起死回生。

这个听起来十分不正常并且诡异的事情，却让罗伯特狂热地憧憬着，他先是给已经死亡的猫、狗类小动物，实施一系列实验来完成自己的设想，比如之前看到的死狗荡秋千，促进血液循环，当然，他还会给动物尸体注射诸如肾上腺素或者抗凝血剂之类的药物，辅助推拿按摩，还真的有几例实验获得成功！当他向别人展示那几只幸运的“复活”的猫、狗时，别人惊叹的表情，更是让罗伯特·科尼什增添了无比的信心。尽管大量的猫、狗尸体引来了同事及邻居的投诉，但那些有幸“复活”的幸运儿们却多活了几个月。

罗伯特并不满足于只拿动物做实验，他费尽心机找到了一家关押死囚犯的监狱。当监狱长在纠结这件事该如何处理时，罗伯特已经开始找犯人宣讲，寻找愿意参与实验的志愿者了。罗伯特的话，在那些已经完全失去了希望、只是等死的死囚犯中，无异于扔下了一枚重磅炸弹，当即就有一名死囚，坚决要求参与这个能够让他“起死回生”的实验。

其实，对监狱长而言，这些死囚在他眼里是完全与他无关的“死人”，是否让他们参与实验也并不妨碍他的工作，反而让他更为好奇，他想要看到这个疯子一样的教授是不是真的可以让死人复活。但是法院方面在经历了最初的震惊之后，迅速冷静了下来，开始思考一个令人尴尬的问题：假设罗伯特真的可以让死人复活，那么已经判决死刑的囚犯服刑后，法律该如何判定？若是把他再抓起来处死，那么实在有违人性；可是若是放了他，那等于打自己的脸，相当于刑罚完全没有了意义。

几番纠结后，法院说服了监狱长，拒绝了罗伯特·科尼什的实验请求。

IN 视角

当时的法院方面，不知是知识过于贫乏，还是被那个消息震惊到失去了辨识能力，也有可能是因为没有人发现那些复活后的猫、狗脑部已经严重损伤。而这样的损伤若是发生在人脑，死刑犯必然成了和谐无害的植物人。

所以，法院方面考虑的那些问题，真的是杞人忧天，生生打碎了一位可能实现帮人“起死回生”的优秀科学家的梦想。

实验20 一天的长度和人体内的“生理时钟”

快眼看实验

地点	肯塔基州附近的猛犸洞窟
时间	1938年
主持人	克莱德曼
目标	调整生理时钟
特点	晕晕乎乎，各种无果而终的实验
脱线指数	★★★
可模仿指数	★★★（若你自信意志够顽强，体质更强壮，仅送上一句“祝你成功！”）

全实验再现

凌晨四点半，世界陷于沉寂，难得安静下来，只零星仍有喧嚣的声音，在那些不夜城中回响，若是此刻有卫星在地球上巡视，就会发现一处奇怪的角落：位于肯塔基州附近的一个约宽20米、高8米、深6米的原始猛犸洞窟里，竟也有嗨翻天的音乐和明亮的光。

年已不惑的克莱德曼是个怪人，他常常在自己身上做各式各样奇怪的实验，最近正着迷于要解开“为什么一天必须是24个小时？为什么不能是一天48个小时”的困惑。这个正常人看来无语的问题，让克莱德曼重新点燃了热情，为了验证自己的想法，他为自己设定了新的时间规划。

克莱德曼先是强迫自己连续180个小时不眠不休，结果自己还差点就此丧命。后来，克莱德曼思考良久，猜想是自己一开始就太狠了，就调整了实验方式，改为连续39个小时不休不眠，做各种事情，把这39个小时当作白天，然后狂睡9个小时当成夜晚，结果不到一周，他就已经晕晕乎乎，分不清东南西北了，实验又无果而终。

沮丧之余，克莱德曼认为自己可能是年龄大了，把一天拉长到48个小时太夸张，于是，就让他年轻力壮的学生继续进行实验，将24小时一天的生理时钟压缩为12个小时。他的学生每天要睡两次，一次是凌晨四点到七点半，一次是下午的四点到七点半。一周过去了，没发生什么事，两周过去依然正常，克莱德曼心想，这总能成功了吧！结果从第三周开始，学生的情绪明显变得易怒、焦虑、压抑，坚持到第33天，学生终于倒下了，实验又一次无果而终。

这连续的失败，对克莱德曼还是有一定打击的，他一度怀疑自己是不是选错了研究的方向，但心里还是有个声音不停地说：“再试一次！再试一次！”天生好奇心极强的克莱德曼又开始了新的尝试。这一次，他做了灵活的调整，将一天改为21个小时和28个小时，假如一天是21小时，也就意味着一周不再是七天而变成了八天，而一天28小时，则意味着一周变为六天。前面提到的猛犸洞窟里开舞会，就是克莱德曼进行的新实验。

这次的实验让克莱德曼明显感到身体的适应性在增强，他兴奋地回去四处宣扬他的设想，可是人们已经对克莱德曼那些无果而终的实验有了免疫，几乎没人相信他所说的。后来，可怜的克莱德曼费尽了口舌，总算说服同为生物学家的同事，同意再尝试一次他的实验。

随后的一系列实验，终于得到了证实，那就是人体内真的有“生理时钟”的存在。生理时钟的运转，基本和我们认知里的一天24小时相符，不过每天都会根据实际的时间长短，进行自动调整。

克莱德曼终于有了一次成功的实验结果。

IN 视角

虽说科学的成功都是建立在不断失败的基础上，但克莱德曼也确实是个苦命的人，那些非常人能忍受的实验，坚持了那么久没有倒下，却总是不能让实验有个正常的美好结局，想必他心里也有不少的苦闷。

科学家的伟大之处在于，他们总会想办法去探索常人习以为常的事物是否还有其他的可能，正是这样的好奇心和不断探索的欲求，让科学不断进步，人类不断发展。

克莱德曼以亲身实践告诉人们：只有你想不到，没有你做不到！

实验21

渴望胃溃疡的人

快眼看实验

地点	澳大利亚珀斯的弗里曼特尔医疗中心实验室
时间	1983年9月～1984年7月
主持人	巴里·马歇尔
目标	证明胃部炎症是细菌造成的
特点	为证明自己的设想以身试法，忍常人所不能忍，最终获得成功
脱线指数	★★★★
可模仿指数	★★（若是有自虐倾向的读者，敬请复制，绝对满足你的期望！）

全实验再现

巴里·马歇尔最近的日子不大好过，眼看就要毕业了，可是依然没有找到自己想要研究的课题。其他的同学都已经陆续进入研究正轨，这个一向自恃清高的未来医学家究竟要何去何从，可真是个让人头痛的问题。导师已经问了他很多次究竟准备探索哪个领域，可是他总是无法给出清楚的答案。

这天，马歇尔来到皇家珀斯医疗中心，希望能够寻找到灵感，就误打误撞地进了罗宾·沃伦的办公室。年过半百的沃伦是有名的病理学家，最喜欢教导那些爱学习的年轻人，因为从他们身上似乎能看到当年那个执着的自己。两人交谈甚欢，沃伦提到，他最近在一项针对胃黏膜炎患者的细胞实验里发现了一种不知名的细菌，觉得很有意思。这让马歇尔脑中突然灵光一现，仿佛抓住了些什么，可是又说不清楚。

告别了沃伦，马歇尔来到医疗中心的图书馆，想要了解一下沃伦提到的有趣的、不知名的细菌究竟是怎么回事。结果，他惊异地发现，原来从上个世纪开始，就不断有研究者在人类以及动物的胃中发现类似的不知名的螺旋杆菌。马歇尔兴奋地告知沃伦，并建议沃伦给一名胃黏膜炎的病人使用抗菌素，结果发现，不仅那种细菌消失了，连胃炎也同时消失了！两人都很兴奋，因为这有可能意味着，这种不知名的细菌不仅会引发胃炎，也有可能引发十二指肠溃疡或是胃溃疡。

回到学校，马歇尔异常兴奋，他最终选定了自己的课题——研究这种细菌假说，但由于他没有任何证据，而他的说法又和当时流行的医学观点有相违背的地方，开展起来并不顺利。当时流行的医学观点认为，导致胃病的原因是心理问题以及压力，而不是什么不知名的细菌。无法说服同学们的马歇尔并没有灰心，反而更加坚持，他告诉自己："反正我也不是什么著名的医学家，只是个无名小卒，压根儿就一无所有，没损失自然就不怕，那就坚持到底！"

他在一个医学研讨会上，向世人宣布了自己的假说，但他那狂妄自负的表达以及毫无证据的推论，还是让很多人都对他持有怀疑的态度。

马歇尔在各种动物身上做了各种实验，但都以失败告终，只剩下唯一的一条路，那就是人体试验！

可是当时压根儿没有人愿意做他的志愿者，别人都以为他会就此放弃这个疯狂的实验时，马歇尔悄悄做了一个决定——把自己当作自己的实验对象。

马歇尔从一位66岁的胃病患者的胃里，收集了大约十亿个细菌，混合到少量水中，每周二上午定时喝下。他的夫人有一次问他喝下的是什么东西，因为这东西闻起来实在很像令人作呕的生肉，他解释说那是新研发出的强身健体的功能饮料。

一周后，马歇尔的肚子开始总是咕噜咕噜地叫，两周后，他夫人皱着眉头问他，为什么最近他嘴里会有异味？还有一位同事终于被他的精神所打动，主动协助他并从他的胃里取出了实验样本。通过对实验样本的研究，33岁的马歇尔终于如他所渴望的那般，感染了胃炎。而从他实验样本中分离的细菌，经过研究发现和最初他提取的是同一种细菌，这充分证明了他的假说。

凭借这个后来被称为“幽门螺旋杆菌”的发现及一系列的实验，马歇尔让医学领域掀起了传染病研究的风潮，并因此在2005年，获得了诺贝尔生理或医学奖。

IN 视角

虽然这个实验成功为今天的很多胃病患者找到了患病源头，但巴里·马歇尔为此做出如此大的牺牲，万一运气不好，最后没能治好，那可真是为实验献身的烈士了。

实验22 开启富豪拷贝模式

快眼看实验

地点	不详
时间	1973～1982年
主持人	戴维·勒尔维克
目标	克隆人
特点	写书为证，真真假假不得而知
脱线指数	★★★★★
可模仿指数	★★★（复制的想法没错，可是复制后两个人位置会比较尴尬，模仿之前可得想清楚。）

全实验再现

戴维·勒尔维克是《时代》周刊的科学记者，平时接触的都是科学最前端的一些奇奇怪怪的信息，所以“新奇”这个词，对他来说已经是稀松平常，很难真正引起他的好奇心了。

这一天，勒尔维克照常在蒙大拿州西部湖边的度假小屋里，边休息边想着最近主编催稿的那篇报道该从哪个角度来写。突然，电话声响起，勒尔维克想着肯定又是主编催稿了，无奈地接起电话。

“你好！是戴维·勒尔维克先生吗？”电话那头是个听起来很苍老的声音。

“没错，我是戴维·勒尔维克，您是哪位？”勒尔维克有点疑惑地问。

“嗯啊，我只是个心愿未了的老人，之前阅读过你的文章，有个忙想要请你帮。我是孤家寡人，一辈子赚了不少钱，可是如今很快也都用不上了，但毕竟是我辛苦一辈子得来的，还是放不下，我想请你帮我寻找一位合适的遗产继承者。”老人缓缓道来。

勒尔维克觉得很有意思，当科学记者这么久，还从来没有过要找他帮忙找遗产继承人的，因为这似乎并不属于科学的领域。他又问了老人很多细节，可是对方都不肯透露，只声称自己是X先生，现在已经76岁，详细情况一周后约在一个幽静的咖啡厅见面详谈。

勒尔维克也感到莫名其妙，为什么这样一通奇怪的电话能引起自己那么大的好奇心？似乎预感到背后会有什么事情发生。一周后，他如约来到咖啡厅，只见一个迟暮的老人戴着鸭舌帽和墨镜坐在角落里，旁边还有一根拐杖，他就是X先生。而勒尔维克与X先生交谈的内容，真正让他大吃一惊，庆幸自己相信了直觉！

原来X先生是个超级富豪，年轻时爱上一个姑娘，相恋多年，那个姑娘生病去世后，他始终没有娶妻，自然也一直没有孩子。多年来，凭借对恋人的思念倒也这么过来了，可是如今他已然知道自己没有几年可活，突然觉得就自己这样孤零零一个人走，世间什么也不留下，很不甘心。

X先生知道勒尔维克是有名的科学记者，认识很多科学领域的能人，就提出花重金要他帮忙寻找一位有能力的医生，来造出一个和他基因相同的孩子，或者说比他小七十岁的双胞胎兄弟，若是能够实现，多少钱他都愿意给。

这个消息震惊了勒尔维克。

当时，“复制”这项技术也只是刚刚提出，是前阵子有位研究老鼠基因的科学家提出的，也许有可能制造出基因相同的动物这个说法，而那篇文章正是他写的。写完之后，却被主编狠狠教育了一番，理由是科学杂志很严谨，只能写确实的东西，而“复制”还仅仅是个想法。结果也确实如主编预料，这篇文章引起轩然大波，几乎无一人支持这个说法。

勒尔维克答应了富翁的要求，为他找来一位愿意帮忙的医生，并四处奔波帮他找到了一个年仅十七岁，相貌与富翁曾经的恋人极为相似的女孩，作为承受他基因的载体。随后，在夏威夷附近一个无名小岛上，他经过几年的努力，终于成功让女孩子宫中孕育出了有富翁基因的孩子。

这本是皆大欢喜的结局，却只是勒尔维克写的一本科幻小说而已。尽管勒尔维克始终声称书中所有故事都是真实的，但在当时的社会却难逃谴责诉讼，成名一时，终被科学史给遗忘了。

IN 视角

早已不在人世的勒尔维克并不知道，1997年，克隆羊“多莉”出生，成为世界上第一只复制哺乳动物；2002年，世界上第一例克隆人出生，也是在一个无名小岛上进行的实验。

这个时候，世人又开始讨论勒尔维克的那本书，书中的很多细节给了科学家们新的思考，至于他写的是真是假，至今仍争论不休。

实验23

感冒病毒也感冒了

快眼看实验

地点	法国地中海岸大学实验室
时间	2008年8月
主持人	让-米歇尔·克拉夫利
目标	病毒是有生命的
特点	用生命来感染病毒的病毒
脱线指数	★★★
可模仿指数	★（用生命在战斗的精神值得学习，但是不值得鼓励，否则作为宿主的你，可是扛不住了。）

全实验再现

让-米歇尔·克拉夫利博士是专门研究病毒的专家，他每天几乎都待在实验室里，为此，他的太太多次抱怨克拉夫利博士不该与她结婚，而应该去和实验室那些恶心的病毒们相守一辈子！克拉夫利乐此不疲，因为他从小就对人体内的微观世界感到好奇。

最近，克拉夫利博士又和太太吵了一架，为的还是那百年不变的主题，而克拉夫利此时正罹患感冒，还有点发烧，脑子本来就不太清醒，于是上演了他本不会做出的离家出走的举动。

克拉夫利晕晕乎乎地不知道走向哪里，等反应过来，发现还是走到了每天都来的实验室。他苦笑一下，心想，算了，反正明天还要来，不如就住在实验室吧！

半夜，克拉夫利发起了高烧，他在实验室找了半天，找到两颗退烧药吃了下去。这时，他突然想到一个问题：体内的感冒病毒，究竟是怎么进化消退的？反正闲着也是闲着，工作是缓解病痛的有效方法，他开始对体内提取的那些感冒病毒进行各种实验。

通常，人类感冒是源自于感染细菌的病毒繁殖，而这类病毒被称为噬菌体，感染他们的细菌则是变形虫，也被称为阿米巴。当克拉夫利博士对阿米巴病毒进行剖析实验时，惊讶地发现这种病毒的内部，被另一种更小型的病毒给感染了，而这些小病毒居然是借由大个的病毒生长的，就像自然界里的寄生一般，却能寄生到成熟后脱离寄主继续生长。

这一发现让克拉夫利变得兴奋起来，要知道，当时科学家广泛争论的一个论调正是探讨“病毒是否是生物”这一假说，多数科学家都持否定态度，理由是病毒那么微小，并不符合生物的定义。因为生物能够自行繁殖，而几乎所有的病毒，都是无法脱离宿主细胞自行繁殖的。

克拉夫利发现的这种小病毒，竟然可以做到脱离宿主继续生长，恰好证明病毒其实也是有生命的，因为小病毒让大病毒生病感染了。

当克拉夫利对外提出这个结论的时候，大家都说实在是太令人惊异了，这种不知名的病毒从宿主——另一个病毒身上大量汲取养分生长后，混合了两种病毒的基因，脱离宿主，继续吸收其他微生物的基因作为养分。这从结果上来看，当用药物针对病毒感染时，病毒的变异速度反而加快了。

《环球科学》杂志（《科学美国人》杂志中文版）是世界上比较专业的科学杂志，2006年开始设立一个“十大科学新闻”的年度评选，克拉夫利博士的这一发现，很快就进入了这项评选当中，作为“首个可以感染病毒的病毒”被命名为“Sputnik病毒”。

IN 视角

今天，很多人在生病时，依然本能地希望借助于药物或医疗手法来治愈或者缓解。但克拉夫利博士让大家看到，实际上，越是吃药治疗，越有可能会让病毒快速变异，加重病情。但对病人而言，其实是双重宿主，听听这名字就觉得够悲凉的了，希望医学继续发展，尽快找到可以真正有效解决病毒感染的方法。

实验24 大脑的极限

快眼看实验

地点	美国宾夕法尼亚大学
时间	2007年
主持人	戴维·丁格斯
目标	人类大脑注意力的极限时间
特点	工作诚可贵，生命价更高！
脱线指数	★
可模仿指数	★★★（人的一生已经有三分之一都睡过去了，合理安排高效专注和高效睡眠才是王道！）

全实验再现

漆黑的夜里，一辆大货车孤零零地在夜幕中往前行驶着，它慢悠悠的节奏可以让人看得出车上载有沉重的货物。

驾驶室里只有一名驾驶员，戴着鸭舌帽，胡子拉碴的样子，一看就是奔波了几天的长途车司机。后视镜下面挂着写有他名字的证件，某某长途运输公司驾驶员贾森。

此刻，贾森觉得自己真的是已经疲劳到极点了，要不是为了给生病的母亲赚住院费，贾森才不会这么折磨自己。他已经连续运了三天的货物，除了12个小时前，在卸货的时候睡了两个小时，就再也没有合过眼。

前方的路延伸着，像是永远也没有尽头一般，大半夜确实也没什么车会从这条路经过。贾森看着大货车微黄的灯光，在道路上一点一点挪动着，似乎重影般晃动，他用力晃晃脑袋，点燃一根烟，继续咬牙向前。但是很快，他的视线就模糊了，大脑似乎不听使唤一般，陷入了迟钝的昏睡状态。

等贾森再次睁开眼睛的时候，映入眼帘的是满眼的白色，他尝试着挪动一下身体，却发现浑身似乎散了架一般地痛。这让他立刻清醒了，发现自己竟然是在一间病房里。询问之下，他才知道自己前一晚撞到了路旁的树丛中，幸好当时行进速度很慢，又没有其他的车辆经过，所以只是一些皮外伤而已。

给他治疗的医生叫戴维·丁格斯，听说是个挺有名的睡眠专家。贾森也很纳闷为什么是个睡眠专家负责治疗自己的病症，原来丁格斯最近在做一项庞大的实验研究，目的是找出人类大脑注意力的极限时间有多久。而丁格斯发现，警觉是最容易让人大脑产生疲劳的一个方面，而警觉通常都是医生、卡车司机、发电厂操作员以及航班驾驶员等类似的职业最需要的能力。他们这类人在工作状态下，必须时刻保持精神高度集中的状态，才能让工作不出差错，因为一旦出现任何差错，很有可能要付出生命的代价。

人的大脑在清醒和睡眠时，就好比一盏灯亮着和熄灭的状态一样，若是长时间亮着，灯泡会发烫，灯丝有可能突然就烧断了，这个时候，大脑就会出现瞬间的功能丧失现象，最容易产生各类事故。很多重大交通事故，都是源自司机的疲劳驾驶所产生的大脑短路的那个瞬间。

丁格斯说，他曾对二十四名成年人的大脑进行核磁共振成像的监测，结果发现，在一夜没睡的情况下，被测者的大脑里，很多区域都发生了明显的类似这种瞬间功能丧失的现象，比如注意力的下降以及视觉处理程序的突然中断等，而贾森当时的事故，就是视觉处理程序的突然中断造成的。

IN视角

数据显示，人的一生中，最少三分之一的时间都是睡过去的，在必要的前提下，还是合理安排好睡眠和工作时间，睡个好觉，高效工作，才是每天快乐生活的终极指南。

实验25

破坏的本能

快眼看实验

地点	美国加州
时间	1969年
主持人	菲利普·津巴多
目标	犯罪心理的产生
特点	环境的改变造成可怕的连锁反应
脱线指数	★★★
可模仿指数	★★★（论操作方法，绝对简单容易复制，可是蒙蔽良心作案，还请三思再三思！）

全实验再现

加州帕洛阿尔托的街道上，停着一辆崭新的轿车，在这个中产阶级遍地的小区，这种车随处可见。

奇怪的是，一连几天都没有人来开走这辆车，似乎是无主之物。而纽约布朗克斯区的街道上，停着一辆同款的轿车，也是崭新的外表，可惜没有车牌，顶部车窗也是开着的，不知是哪个粗心的人着急留下的。

布朗克斯区是纽约一个比较杂乱的小区，周围鱼龙混杂，很多小混混和墙上的涂鸦相得益彰，那辆崭新的、没了车牌的轿车，刚停在那里不到六个小时，就已经有好几票小混混借机从车附近路过，观察地形了。

“嘿！瞧啊！那辆车应该是没有主人的，顶部的车窗还开着呢！要不我们开着去兜兜风吧……”一个黄头发的少年，对身边的两个朋友说。三个人嘀咕了半天，然后趁着夜色，开着车出城兜风去了。

加州帕洛阿尔托区的那辆轿车，停了一个星期依然完好如初，一周后，一个身影在深夜将帕洛阿尔托区那辆轿车的车窗玻璃敲了个大洞，第二天清晨，车子竟然神秘消失了。据称，三天后在两百公里外的城郊被人发现了，车身已经脏到难以辨认，两边的车窗玻璃都碎了，要不是车牌还在，大概都很难辨认出这是那辆在加州帕洛阿尔托区的崭新轿车。

那个半夜敲车窗玻璃的身影，是赫赫有名的美国斯坦福大学心理学家菲利普·津巴多，他作为一个长期在监狱进行犯罪心理研究的专家，此次实验恰恰是为了验证人类犯罪心理的成因。

在这项实验的基础上，津巴多和犯罪学家凯琳共同提出了一个新的犯罪理论——破窗效应理论，并将其解释为，若有人打破了一幢建筑物的窗户玻璃，而又没有及时地进行维修的话，周围的人有可能受到某些示范性的纵容，去打烂更多的窗户玻璃，甚至可能有人登门入室偷窃，或是进行更为严重程度的犯罪行为。

津巴多说，当时特意选择两个不同的小区，并在一周后将那个本无人问津的车砸破玻璃，就是看看是否会引起那些小偷们的注意，并让他们放松警惕，认为那辆破了玻璃的车是可以被偷走的，果然成功了。事实证明，很多犯罪心理的产生，是源自环境给予的“纵容”，像是暗示他们“没事！做吧！反正已经有先例了！”尤其是城市中很多抢劫杀人之外的案件，甚至包括国家政府的腐败案件，有不少都是由于“破窗理论”而产生。

IN 视角

打破的一块玻璃，似乎就像魔咒一般，对每一个觊觎的人说着：“来吧！来吧！你可以获得更多！可以把我毁坏得更为彻底！”

津巴多的“破窗”，不仅是看得见的窗子，还是人心深处阴暗角落里那隔着良知的窗子，这扇窗一旦破了，恐怕是再也不能修补了。

实验26 孰是孰非的谋杀实验

快眼看实验

地点	柏林大学教室
时间	1901年
主持人	斯特恩
目标	庭审中证词的可信度
特点	演员入戏，观众惊恐
脱线指数	★★★★★
可模仿指数	★（万一观众有个三长两短，就没办法收场了，请珍爱生命，远离疯子！）

全实验再现

柏林大学里，那一座座因风吹雨打而变得有些破败的古建筑，在日光下低调地隐藏着光芒，诉说着一个个古老的故事。

此刻是上课的时间，很少有人在户外走动。

突然，传来一声枪声，在停顿了两秒之后，在心理学系大楼里引起了轩然大波，学生们纷纷惊恐万分地从大楼的安全出口向外跑，有的鞋子都跑掉了也不敢回头去捡。不到十分钟，整个大楼基本都空了，只有一个教室中，一个学生持枪仍保持着站立的姿势，身边则是斜躺在椅子上的另一个学生，胸前有着显眼的红色。

等等！那红色看起来有点奇怪，镜头再拉近一点，原来是西红柿沙司包挤破造成的假象！

此刻，那个持枪的学生显然有点发傻，他喃喃自语道："吓我一跳！斯特恩教授没说大家会有这么大的反应，怎么全跑了？"

回答他的竟是另一边，原本应该"死"了的学生，他从椅子上爬起来，也有点郁闷地说："真讨厌！都没有人好好看看我的演技，怎么跑得那么快！贾德，不会出什么问题吧？斯特恩教授的这个实验是不是有点过头了？"

柏林大学的这幕场景，正是德国著名的心理学家斯特恩设计的一个实验现场。斯特恩在研究记忆时遇到一个问题，在很多庭审现场，通常都会有证人被传唤提供证词，尽管证人们都会对天发誓自己所说的都是实情，但实际上，我们的记忆和大脑会不会蒙蔽或欺骗我们呢？带着这个疑问，斯特恩设计了这个实验，他找了学习犯罪侦查学的两个学生来配合，故意在课堂上争吵，然后其中一个拔枪向另一个射击。

整个实验过程，只有斯特恩和那两个学生知道，其余人都是不知情的观众。当警察后来作笔录的时候，他们在斯特恩的授意下，对目击者进行了分组，其中两人在事件当天晚上进行笔录，1人在事件发生的第二天进行笔录，9人在事件发生一周后进行笔录，最后3个人在事隔五周之后，才对他们进行笔录，斯特恩让警察将笔录的询问过程，划分为15个片段，让目击者们回忆当时的细节。

“当时，贾德和杰伊突然在大家分组讨论时争吵起来，杰伊大骂贾德，甚至还问候了他的母亲，贾德十分愤怒，对着杰伊开了一枪，打在他的左腹部。当时血流了一地，特别吓人，接下来我们都跑了。”一周后进行笔录的9人中，有人这么回答。

“当时大家正在上课，贾德突然对杰伊开了一枪，杰伊捂着他的胃部，还向前走了两步，但最后倒在了地上，地上全是血！”事隔五周后进行笔录的三人中，有人这么回答。

“天哪！噢天哪！太可怕了！我到现在还在发抖！当时贾德和杰伊不知道为什么突然起了争执，两个人扭打了一阵子，贾德突然掏枪对杰伊开了一枪！天哪！什么？枪射在哪里？噢！让我想想！我想不起来了！当时那个样子太可怕了！”事发当天做笔录的人如此回忆。

实际上，当时贾德和杰伊只是在课堂上突然起了争执，扭打后贾德对杰伊开了一枪，射在右胸口，杰伊直接倒在了椅子上。

参加笔录的15个现场目击证人，出错率竟然高达27%～80%！没有一个人可以完整回忆起当时的所有细节！

IN 视角

斯特恩真是个疯狂的天才，能想到这个问题并且用这样的方式来进行实验，可是他似乎并没有过多考虑，这样的实验对不知情的目击者来说，是否会造成实验之外的影响。当时，他的实验的确让法律庭审环节开始重视现场证人的证词可信度的评估，但毋庸置疑，大多数人对此实验的态度仍然持反对意见。其实完全可以理解，就算后来告知他们那只是个实验，依然还是有人半夜会突然惊醒，以为又听到了枪声。

实验27

监狱里的教授

快眼看实验

地点	斯坦福大学心理系地下室
时间	1971年春天
主持人	菲利普·津巴多
目标	环境对人的影响力
特点	好奇的开端，凄惨的结局
脱线指数	★★★★★
可模仿指数	零（好奇害死猫！做出选择前，请考虑道德伦理的深远影响，而非仅仅满足新鲜好奇。）

全实验再现

斯坦福大学宿舍区警笛长鸣，学生们纷纷跑出宿舍观看发生了什么事，只看一群穿着警服，带着警棍的校园巡警，从宿舍的不同楼层，逮捕了十一名男学生，据说他们犯了入室抢劫罪。被逮捕的学生戴着手铐，蒙着眼睛被关进了监狱。可是大家不知道的是，这个监狱竟然位于斯坦福校内，某系教学楼的地下室内，三间带门禁的囚禁室，一条九米长的走廊，四处都安有监视器。

进入走廊中，每个嫌犯都被要求脱光衣服，举着牌子拍照，还要经过一个除虱子的喷雾机，然后换上统一的狱服，一套前后都有不同号码，白色直筒的围裙似的衣服，还被要求不能穿内裤，以防止他们私藏什么物品，换上统一的胶鞋，并用一个长丝袜作为住监的睡帽，两边脚踝都被锁链连着。

一切妥当后，监狱长带领副手及看守为囚犯们宣读了十六条狱规，其中包括“犯人在吃饭、休息及长廊里均禁止交谈，违反规定会遭到惩罚”；“犯人只有在吃饭的时间才可以进食，若是私藏食物或是在非吃饭时间吃东西则受惩罚”；“犯人只可以用号码称呼彼此，不可直呼姓名”等完全剥夺人身自由的条规。

一开始，所有的囚犯及看守都严格遵守着那十六条狱规，安安静静地过着监狱生活，可是这种情况只持续了十几个小时。凌晨点名时，几名囚犯摘下可笑的长袜帽子，撕下身上贴的号码，在自己的狱室中，设置障碍与看守进行对抗，而看守则手持灭火器直接对着他们喷射。很快，手无寸铁的囚犯就被制服，带头闹事的人被关了禁闭。这次造反只持续了一个小时，没有参与的人被特殊优待，即得到更好的食物。一个小时之后，那些造反的囚犯，居然被安排进了没有参与造反囚犯的囚室中，这一举动造成了两派人之间的矛盾，他们彼此不信任对方，于是，监狱内再也没有群体造反的现象出现。

平息了造反事件，看守们开始按照自己的想法训练囚犯，要求他们把沉重的箱子，从一个房间搬到另一个房间；拖着脚链在地上行走；让囚犯们徒手清理他们的马桶；当面讥讽那些曾经造反的囚犯，并鼓励那些没有参与造反的囚犯孤立他们，甚至要求他们假装发生性关系。

第三天，有个囚犯就受不了了，他在囚室内失控地嚎啕大哭，并把自己的衣服都扯烂了，接下来的三天，又有三名囚犯发生了同样的状况。

监狱长在制裁无效后，威胁他们要转去监禁更为严格的城市监狱，但仍无法驱散囚室内开始弥漫的惊恐及绝望的气息。

这天晚上，监狱长的女友前来探望，当监狱长向她展示那些看守整治囚犯的场景时，女友勃然大怒，对着监狱长吼道："津巴多！天哪！你都干了什么！你看你把这些孩子都变成什么样子了！真是难以置信！"

这就是心理学史上赫赫有名的"斯坦福监狱实验"，扮演监狱长的就是菲利普·津巴多。这只是他设想的一个心理学实验，参与实验的都是真正的学生，每天还有15美元的报酬。可是随着实验的进行，似乎原本善良忠厚的学生们，已经完全进入了与他们本无关联的囚徒角色，而扮演看守的学生们，更是显露出了自己想都想不到的暴虐心理。

IN 视角

津巴多绝对是闲不住的人，而且各种实验设想都是奇葩界的典范。对于微小事件背后的延续思考及要命的好奇心，真是各种让人无所适从啊！那些参与实验的"小白鼠"们，抱着新鲜有趣的心态，参与了津巴多教授的实验，领着15美元一天看似高薪清闲的薪酬，本以为很轻松，最后差点落了个精神分裂的下场。

实验28 残忍的绝对服从

快眼看实验

地点	耶鲁大学
时间	1961年夏天
主持人	斯坦利·米尔格拉姆
目标	关于服从的行为研究
特点	引发人性的探讨
脱线指数	★★★★★
可模仿指数	★（设计实验的人，虽然因此世界闻名，可是也就此葬送了自己原本光明远大的前程，得不偿失啊！）

全实验再现

19世纪60年代的纽黑文市，报纸上出现了一则看起来很诱人的招募广告："如果你想轻松兼职，请来参加我们关于记忆力和学习方法的实验，实验只需一个小时，您可以获得4美元的报酬外加50美分的路费！我们需要

500名应征者，如果您有兴趣，请联系我！”

广告一经刊发，很快就打来无数的应征电话，布雷弗曼是其中被邀请参与实验的人。他是个社会工作者，平时的工作时间并不固定，一向助人为乐的布雷弗曼，一看实验是关于记忆力和学习方法的研究，还有那么诱人的奖金，顿时就来了精神，特意穿上新衣服，如约走进了耶鲁大学的一座大楼。

当布雷弗曼走进实验室的时候，另一位实验参与者詹姆士·麦克唐纳已经到了，他自称是个会计师，今年47岁。实验的指导者是个年轻人，穿着灰色的实验服，对两个人说这是个关于体罚对学习效果影响的实验，布雷弗曼很认同，小时候上学总是被父亲体罚，让他觉得孩子们的童年都特别悲苦，科学家们就该好好做些这样的研究，让大众知道该如何教育孩子。

年轻人拿出两张纸条，告诉两个人上面一个写着教师，一个写着学生，分别抓阄，布雷弗曼打开自己抽的纸条，上面写的正是“教师”，他不知道的是，麦克唐纳实际上是个演员，两张纸条都是“教师”，也就是说，无论怎么抽，布雷弗曼注定了都是要当教师这个角色的。

安排完两人的角色，年轻人把作为“学生”的麦克唐纳，先带到了另一个房间，还把他绑在一把椅子上，左手手腕连接着电极线，布雷弗曼坐在另一个房间里的椅子上，透过面前的玻璃，可以看到那边麦克唐纳的表情，而他的右手边有个控制器，可以操控不同程度的电力。他将会经由麦克唐纳的记忆回答正确率给予相应的惩罚，即用电刺激。

当布雷弗曼看到这些装置的时候，他有点困惑地问年轻人：“这样合适吗？会不会伤到他？”年轻人告诉他没关系，这个电击程度哪怕是最强的一档，也只能使麦克唐纳感到痛苦而不会有任何损伤，这只是为了看看体罚是否对记忆有更好的帮助而已。布雷弗曼需要通过对讲机，对麦克唐纳朗读一些没有关联的词语，而麦克唐纳则需要在听完之后，对布雷弗曼的提问进行一一对应的回答。麦克唐纳右手边有四个按键的相应器，他会透过按键来进行顺序的选择，若是回答正确，则会进入下一题，若是回答错误，布雷弗曼则会用一次电击来惩罚，第一次15伏，第二次30伏，第三次45伏，依次加强，最高将会达到450伏。

一开始，布雷弗曼看到遭受电击的麦克唐纳都很正常，但随着错误的增多，电力增强到120伏时，麦克唐纳开始大叫："太痛了！我受不了了！快让我出去！我要退出！"布雷弗曼在年轻人的鼓励下继续进行提问，当电力增强到270伏时，麦克唐纳已经不再回答问题，只是每次电击后大喊大叫。

布雷弗曼脸上开始渗出汗珠，呼吸也变得粗重，他的头脑开始有些混乱，他问年轻人是否可以停止，年轻人面无表情地要求他必须继续实验。

布雷弗曼的大脑已经完全无法正常思考了，满脑子都是麦克唐纳在对讲器里传出的痛苦的哭叫声，但在年轻人坚决冷漠的指导下，他颤抖着的手还是按下了最高电力——450伏！走出实验室的布雷弗曼不忍看麦克唐纳的样子，浑浑噩噩到了家，在家中把自己关了好几天依然魂不守舍，内心受到的巨大冲击，让他无比愧疚。

可怜的布雷弗曼，仅仅是参与实验的上千名被试者的一员，参与实验的被试者中，竟然有2/3的人，最终都按下了450伏最高电力的按键！这个数据太可怕了！参与实验的人在实验结束时，都不敢去和对面房间那个接受电击的人道别，他们心里无比愧疚，甚至不相信自己竟能做出那么残忍的事情。

IN 视角

实验结束后，连米尔格拉姆自己都有一段时间困惑于这个实验究竟解决了什么问题。他得出一个结论：影响人们服从并产生行为的关键，不在于进攻性或者被压抑的那些情绪，而是在于权威的要求和压迫。若是政府变得灭绝人性，如第二次世界大战时的纳粹罪行一般，世界就会变得黑暗无比。这个实验使得人们将其与种族大屠杀的事件联系在一起，米尔格拉姆变得格外出名，却没有得到世界的认可，尤其是行业内的认可。实验结束后，他在哈佛一直没有固定的职位，后转到纽约城市大学，也一直没有被重用，甚至他的孩子们都不愿意用他的名字来作第一予名，原因是不想带着沉重的负担过自己的一生。米尔格拉姆创造了辉煌的开端，却没猜中悲凉的结局。

实验29 掀开救赎的面具

快眼看实验

地点	亚拉巴马州塔斯基吉研究所
时间	1932～1997年
主持人	美国公共卫生部
目标	研究梅毒在黑人和白人体内不同的传播方式
特点	打着救赎的幌子，却是杀人的借口
脱线指数	★★★★★
可模仿指数	零（灭绝人性的想法，应该从萌芽状态就掐灭！死死地掐灭！）

全实验再现

1932年的一天，天气晴朗，亚拉巴马州梅肯县如往常般安静，人们都在自己的家门前晒着太阳。这些人黑色的皮肤闪着太阳的光，面容都略有些愁苦难消。就在这时，远处响起了汽车发动的声音，慢慢近了，一辆大客车停在小县的中心，从车上下来许多穿着白制服的医生。

亨顿和大多数村里的男子一样，好奇但略带了些敌意地看着这些人，不知道他们要做什么。医生中走出一个花白头发的老医生，戴着大大的眼镜，嘴上戴着雪白的口罩，对着大家说："我们是来自华盛顿的医生，得知这里的很多男子都患有坏血病，国家为了改善大家的就医状况，派我们来为大家提供一系列的治疗，请愿意接受治疗的人举手报名！"

黑人们站在一起，交头接耳一番，摇摇头没有人举手。片刻的静谧后，花白头发的老医生与队伍里其他几名看起来年龄略长的医生交流了一下，另一名医生走出队伍，对黑人们说："我们会给大家免费体检，免费治疗，若是有人已经不行了，我们还能提供免费的丧葬保险！请记住，这可能是你们能得到免费治疗的最后的机会！"

黑人人群中有些骚动，大家那愁苦的面容上，显现出希望的神情，慢慢地，黑人们一个一个走上前去，举起了自己的右手，亨顿就是其中的一员。

第二天，亨顿和其他黑人一起来到医生们的研究所，医生给每个人吃了两种药，还从背部抽取了什么东西，除了抽取时的疼痛，亨顿对其他事情一无所知。有个黑人护士，长得非常漂亮，亨顿只知道她叫尤尼斯·里弗斯，每天都是她给大家配置好药。黑人们总是盼望着里弗斯护士来分发药的时刻，那样就可以看她微笑时的样子。

里弗斯似乎也对这些黑人同胞们格外照顾，有些时候，她还会带着一些现金去到黑人们的家里，给他们留下，并鼓励他们要坚持治疗。

有一些黑人患者已经处于死亡的边缘，接受治疗时，已经看不出生命的光芒，里弗斯会抚摸着他们苍老的手，对他们说："你放心！只要你同意我们的提议，我们会免费提供你离去后所有的安葬事宜。如果你不同意我们的提议，一样还是会离开，但是什么都没有留下；但若是接受我们的提议，离开后还能为家人带来一些实惠，何乐而不为呢？”

通常到最后，那些已经临近死亡边缘的人们，都同意了里弗斯的建议，只是他们自己可能并不知道，死去后的尸体，是被放在研究所里解剖研究使用的。

之后的40年中，亨顿和其他的黑人患者们，不知道接受了多少次抽取、吃药以及各样的检查，他们一直都觉得自己得的是不治之症，尽管40年间，同时接受治疗的人都纷纷死去，亨顿却奇迹般地活到了96岁高龄。他和那些死去的人一样，都以为自己接受的是最好的治疗。

直到1972年的一天，亨顿从电视上看到新闻在披露一个医疗丑闻时，他惊愕地看到一组资料：参与那次实验的患者中，有28人直接死于梅毒（即当时的坏血病），约100人因梅毒的并发症而死，40人的妻子受到感染，19人的子女在出生时就染上了梅毒！新闻强烈谴责着美国政府的这一惨绝人寰的行径，电视机前的亨顿早已是泪流满面，他孤零零地活到现在，虽然期间也有过迷惑，但都过去了，这个新闻彻底击毁了他坚持活着的理由，不久后，亨顿也离开了人世。

长达45年当中，从来没有人承认过对这些黑人的恶行，就连美国公共卫生部也一直都拿救死扶伤为科学研究的高尚理由来掩盖他们的丑闻。直到1997年，柯林顿总统才出面，向当年的受害者及家属道歉，并提供了一定的经济补偿，但是，那些已经离去的生命再也无法挽回了。

IN视角

这是一个让人心里布满阴霾的实验。

上百人充满希望地把自己生的渴望交给那些承诺会医治自己的白衣天使们，却丝毫不知，直到自己离开人世的那一刻，他们接受的所有治疗都只是骗局。道歉是正义的彰显，可是细想那些带着希望离去的人们，和得知这个骗局秘密的家属们，谁也无法说清究竟哪个才是幸运的。

实验30 刺骨的痛

快眼看实验

地点	不详
时间	1896年
主持人	阿瑟·温特沃斯医生
目标	脊椎穿刺疼痛的真实性
特点	对科学的疯狂追求，让自己脱离本心
脱线指数	★★★★★
可模仿指数	零（若想进行此类实验，请拿自己来尝试，不要把自己的好奇变成他人的痛苦！）

全实验再现

嘉德孤儿院是一所专门接收那些刚出生就被父母遗弃的孩子的机构，孤儿院会一直抚养他们到被好心人收养为止，若是这些孤儿被收养后又出了什么变故不能继续被抚养，将会被送回孤儿院，继续等待下一位好心人的降临。

所以，这里最小的孩子是刚出生几天的婴儿，最大的都已经十二岁了。

艾米丽已经八岁了，到了上学的年纪，可是还是没有人来孤儿院带走她，每到礼拜天孤儿院向抚养人开放的时间，她总是把自己打扮得漂漂亮亮的，第一个等在接待室里，期望能有善良的人把自己带走。可是时运不济，每次她都是孤零零地最后一个回到自己的宿舍。

这一天，天气晴朗，又是一个接待日，艾米丽再一次跑到接待室，等着那个愿意收养她的好心人。

这已经是第18次了，其实她也不知道自己究竟还有没有机会被好心人带回家，当其他的夫妻都一一挑选了年纪更小一些的孩子，她依然倔犟地坐在小凳子上。

这时，一个略显低沉的声音响起："嗨！你叫什么名字？"

艾米丽有些迷惑地抬起头，一个年轻的男子站在她面前，温柔地看着她。艾米丽有些激动，回答说："先生，我叫艾米丽！您是来带我回家的吗？"

年轻男子笑了笑，对她伸出手说："跟我走吧！"

办完手续，艾米丽跟男子到了一处看起来有些阴森的建筑，她长舒了一口气，觉得自己终于有家了！但她丝毫没有注意建筑里都是一间一间隔开的小房间，房间都是紧锁着的大铁门，只有上部有个像监狱一样的条状透气窗。

刚到男子家的第一周，艾米丽过着天堂般的生活，每天早上起来，男子都会给她新鲜的水果和香喷喷的比萨，然后带她去公园或者郊外，晚上还会给她讲故事哄她入睡。艾米丽一直梦想的生活终于实现了，她在梦乡中都带着甜甜的笑。

一周后的一天，男子把艾米丽带到楼上一间小房间中，里面有点阴暗，只有一张手术用的床，还有一些奇怪的仪器。艾米丽有点害怕，男子温柔地告诉她："别怕！我只是想要给你做个检查，看看你的骨骼情况怎么样，为了保证你的健康，如果你感到痛，就告诉我。"

艾米丽乖乖地躺在手术床上，男子撩起她的衣服，从她的背后插进一根很粗的针头，艾米丽感到一阵锥心的疼痛，但为了不让男子因为她的疼痛而生气，她硬是忍住那巨大的疼痛。可是仅过了两秒钟，她就痛得完全无法控制自己，男子看了看，失望地拔出了针头。

自那次之后，艾米丽再也没有了之前那种幸福的生活，她每天只能待在那个黑黑的小房间里，等着一日两次的送餐。她后来得知，那一层的每个小房间里，都有个年龄不一样的孩子，她们每周都要接受一次类似被针头扎，或者剖开肚子再缝合的实验。

可怜的艾米丽不知道，那个看起来温和善良的男子，虽然是个儿科医生，却痴迷于对人类疼痛感的研究，他已经先后对29名儿童进行了残忍的脊椎穿刺实验。这些不幸的儿童有的很快就死去，有的一直被折磨了许多年。当他的实验结果被披露后，他受到了谴责，他的实验被称为"残忍的人类活体解剖"！

IN 视角

惨绝人寰，灭绝人性，每次看到类似这样的实验故事，都觉得人类的语言完全不足以表达此刻的心情，真的不知道那些人究竟受了怎样的刺激，或是内心究竟追寻着怎样的世界，才会选择对那些天真烂漫的孩子下手，做出如此残忍的事情，这样的实验已经不仅仅是疯狂两个字可以形容的了。

实验31 万花筒的世界

快眼看实验

地点	不详
时间	1943年4月16日
主持人	阿尔伯特·霍夫曼
目标	寻找促进血液循环的药物
特点	嗨到极致的实验
脱线指数	★★★★
可模仿指数	★★★（简单易操作，只是效果如何，能否恢复就要看造化了。）

全实验再现

阿尔伯特·霍夫曼是个化学家，他研究各种元素、液体、物质等常人看来无比奇怪的东西。最近，霍夫曼卡在一个课题上怎么也过不去，他一直想要寻找到一种能够让人体的血液循环加快的药物，一旦攻克这个课题，他将成为顶尖的科学家。为了实现这个想法，霍夫曼花了自己一大半的积蓄，高价求购可以实现这个想法的药物。

可是，霍夫曼几乎尝试了所有的方法，但都不理想。有一天，他去了一个平日不常去的小酒吧，准备喝上两杯，缓解一下自己苦闷的心情。酒吧门口，有个露着大腿和半截屁股的红发女孩妖媚地对他说："嗨，宝贝，你想要放松一下吗？"霍夫曼眼睛有点迷离，看着女孩妖娆的身姿，不由自主就跟她走了。

第二天睁开眼，霍夫曼发现自己身处一个破旧的汽车旅馆的房间里，窗帘拉得严严实实，身边一个人也没有，自己的钱包被打开了，里面空空如也。霍夫曼撑起沉重的头，拉开窗帘，刺眼的阳光照进了房间，这时他才慢慢记起前一晚发生的事情。

原来，前一天晚上，霍夫曼跟红发女孩来到这家汽车旅馆，两人缠绵了一番，红发女孩拿出一个小小的透明袋子，里面有几颗并不起眼的小药丸。红发女孩告诉霍夫曼，这种迷幻药能让人进入仙境，享受前所未有的轻松，接下来的事情，霍夫曼已经不太记得了。

霍夫曼觉得非常惊诧，竟然还能有自己都无法控制的事情发生，若是这样的结果，那必然意味着自己当时的肾上腺素升高，血液循环也加快，才让自己原本理智的思维受到了牵制和局限。想到这个，霍夫曼兴奋不已，觉得自己似乎已经找到了可以控制血液循环的方法。

他匆忙洗了把脸，跑到实验室去研究如何人工合成迷幻药，最后他制出一种液体，往自己的皮肤上滴了两滴，五分钟后就感受到一种狂喜和迷幻的感觉，似乎整个人都要飘起来了。这个效果让他更加坚定自己的想法是对的。

三天后，霍夫曼加大了液体的配比浓度，也增加了摄入量，这一次，几乎是瞬间，他就感觉自己体内要爆炸了一般，他深吸一口气，闭上眼睛，再睁开时，面前似乎出现了无数生动鲜艳的图画，就像万花筒里一般。无数艳丽的色彩不停地变幻旋转，整个世界仿佛都在转动，他无法控制地哈哈大笑着，在实验室里，手舞足蹈地表达自己的狂喜。

清醒后的霍夫曼异常疲劳，实验室也是乱七八糟的，他揉了揉胀痛的脑袋，第一反应就是找到自己的实验记录本，写下约半小时前自己所有的感受，并在之后总结整理，打算发表在科学杂志上。

IN 视角

霍夫曼也真算有过一次有趣的经历了，一次桃色暧昧体验就让他找到了研究的灵感。今日医学上广泛使用的麻醉药，应该也有霍夫曼的贡献在其中，只是不知哪位科学家去除了其中造成幻觉的那些组成元素，只是缓解了疼痛。不过，若是医生用迷幻药来当麻醉剂，是否可以减轻病人的痛苦呢？留给看到实验的你来思考吧。

实验32 给自己动手术的人

快眼看实验

地点	美国
时间	1929年
主持人	伊凡·奥尼尔·卡恩
目标	切除发炎的阑尾
特点	以剖开自己为乐趣
脱线指数	★★★★★
可模仿指数	★（彪悍的人生不需要解释，劝君三思！）

全实验再现

伊凡·奥尼尔·卡恩已经不是第一次给自己开刀了，之前只是拔掉快要冒出来的智齿，而这次，是他的阑尾发炎了，痛了半夜后，他想到了一个疯狂的主意。

卡恩把医院里的助理医师都叫到手术室，告诉他们，“这是一次非凡的机会！你们将会见证世界上第一个能给自己开刀动手术的医生！”

助理医师们虽然一直都知道这个医学教授跟常人不同，总是做些别人想不到也想不通的事情，但是谁也没想到他会要给自己切阑尾！

要知道，阑尾发炎，那疼痛真是让人瞬间面如死灰，说翻来覆去止不住痛都不为过，卡恩教授已经45岁，不再是年轻小伙子了，这举动实在太危险。想到此，助理医师们纷纷劝阻卡恩，说要请有经验的医生来为他动这个阑尾切除手术。卡恩气得眉毛鼻子都抖了，不知是不是因为痛，他呵斥那些年轻的助理医师们：“一群没用的东西！今天谁要是敢去叫其他医生来给我动这个手术，你们明天都别再来实习了！我只需要你们做个见证而已！”

助理医师们能来这家医院实习并不容易，只能一个个苦着脸，像受刑般站在一旁，生生把卡恩的手术床围了两圈。卡恩看起来也不那么轻松，疼痛让他脸色发白，细密的汗珠开始顺着额头渗出，手也开始微微颤抖。

卡恩让助理医师们准备好手术需要用的所有器具，自己为自己注射了腹部的局部麻醉，这让他有一刹那感觉大脑也晕晕乎乎，似乎要停止运转了。他狠狠摇摇头，深吸一口气，用手术刀在自己的右下腹划开了一道十公分左右的伤口，鲜血立刻涌了出来。人群中胆小的助理医师轻叫一声，完全没有了作为医生的无畏神色，看来，给别人动手术和看别人给自己动手术，差别还是很大的。

卡恩将手伸进自己的腹部，麻醉剂的作用，让他的右臂都有些麻得不听使唤，他让站在身边的一个助理医师帮他拉开自己的伤口，把头上戴着的手术灯更靠近了些，那个给他带来疼痛的小东西还真被他找到了。接着，卡恩用手术刀把它割了下来，放在手术台上的一个小碟子里，就再也没有力气给自己缝合伤口了，只得让那些吓得一身汗的助理医师们帮他缝合，而自己举着阑尾哈哈大笑。

从那之后，卡恩更出名了，被报纸称为“第一个给自己开刀动手术的人！”各种采访蜂拥而至。

卡恩开始一次次尝试更新的手术，一直到他70岁高龄的时候，他还自信地为自己做着腹股沟的手术，但这次似乎就没有一直以来那么幸运了，或许是年纪太大，或许是掉以轻心，不久之后卡恩就被发现死在自己动手术的家中。经查验，他死于手术不当引发的肺部感染。

IN 视角

那些有疯狂想法的科学家都是急性子，在无法得到志愿参与实验的“小白鼠们”时，就会用自己来进行实验。只是实验的过程中有的人成功了，有的人却为此失去了性命。不管怎么样，还是要记住那句话——“珍爱生命，远离疯子！尤其是做实验研究的疯子！”

实验33

以毒攻毒的治疗

快眼看实验

地点	不详
时间	19世纪40年代
主持人	瓦尔特·钟斯
目标	治疗伤寒型肺炎
特点	奴隶时期不缺乏接受实验的人
脱线指数	★★★★
可模仿指数	★（简单的思维，残忍的做法，科学的进步建立在人类的伤痛上。）

全实验再现

加纳是个黑人奴隶，从他出生，似乎就注定了是奴隶的一生，他的父母都是奴隶，并且在艰难的环境下生下了他。

加纳常常想，要是当时自己不出生，也许不会受如此多的折磨。

此刻的加纳，正排着队等在一座小楼前面，整个村落，只有这座小楼还算是新的，两层的小楼周围有鲜花簇拥，但加纳和队伍里的黑人奴隶们，却并没有心情欣赏如此的美景。

加纳是第二次来参与这个实验，三个月前，那个医生来到他们的村落，用考究的衣服和一把黄金买下了几乎半个村子的奴隶，然后盖了这座小楼，对他们说是为了改善他们的生活，改善他们的医疗条件。

一开始，那个自称瓦尔特·钟斯的医生，只是指挥他们种下了那些花花草草。瓦尔特将小楼的格局设置成一个个小小的房间，每个房间里只有一张床，任何多余的设施都没有。当时，他们都好奇医生为什么要如此布置房间，但很快他们就知道了。

钟斯医生每天给他们喝下很奇怪的液体，这种液体有着腥臭刺鼻的味道，医生说是为了提高他们的身体素质。但三天后，就陆续开始有人咳嗽，甚至咳到有血渗出。整个过程中，他们一个个都被分到那些小小的房间里。一推开小楼的大门，就听到此起彼伏的咳嗽声，而四处也弥漫着一股奇怪的味道。

钟斯医生对他们的表现很满意，他每天拿着小本子，戴着口罩，来观察他们的情况，在保证他们不会饿死的情况下，为他们进行各种化验。某一天，他兴奋地告诉这些奴隶："现在大家都患有伤寒型肺炎，我会为你们一一治疗好，如果你们跑了或者是反抗，错过治疗，三天之内必定会死！只有我能救你们！"

为保证万无一失，钟斯医生给他们每人都戴上手铐脚镣，确保他们无法逃掉，从那天开始，钟斯医生每周会给这些黑人奴隶进行他所谓的"治疗"。

加纳走进一间稍大的房间，空空荡荡，连床都没有，只有些稻草铺在地上。他不知道前面的奴隶兄弟们遭受了怎样的折磨，只是听到不断的惨叫声。钟斯医生让加纳趴在地上，而医生从房间的一头拎过来一个大桶，看桶里还冒着滚滚蒸腾的热气，加纳的心揪在了一起，钟斯医生带着一丝笑意，对着加纳举起了那个桶，滚烫的热水倒在了加纳的背上，他无法控制地惨叫着……

钟斯医生看到加纳晕死过去，把他拖到了一边的小房间里，又继续让下一个奴隶进来。将这些奴隶全部“治疗”一遍，他也累得一头汗，那么多热水烧起来也并不是那么容易的，他感叹着自己为了科学所作出的努力，只要成功治愈了伤寒型肺炎，一定会让他一举成名，想到成名后的种种，钟斯医生愉快地继续着他的“治疗”。

当加纳第二次走进这里，他已经无力逃离，背部被烫出水泡，还忍受着剧痛，有些破了流出黄色的脓水。他体温持续升高，只想着能尽快结束这一切。

这一次，当滚烫的热水倒在背上时，他已经不再有第一次那样的惨痛，只是意识渐渐模糊……

IN 视角

历史上有关人体的实验几乎没有安全的，都伴随着疯狂和残忍，回顾这样的过程，浏览那些科学史上巨大的发展和贡献，总是让人心底带着隐痛。很多实验的开始，只是一个简单普通到让人无语的理由，但由此付出的代价，却是多少名声、金钱、贡献都换不回的人性的淡漠。

第二章 学术圈的重口味实验

从科学角度看，新科技的诞生有利于人类的发展，很多奇思妙想都有了实现的机会，例如可以瞬间消失的隐身衣（实验51：隐身斗篷）；可以监控身材的性感内衣（实验54：伴你喜忧的内衣）；甚至有可能在世界末日时，不会因饥饿而担心（实验60：保存三年还能吃的比萨）。

从学术角度看，“好好学习，天天向上”不单单是口号，亘古以来就有其真理性，在学习成绩优异的基础上，加上一点运气，就有可能获得创新的价值，例如做梦也能有发明（实验35：梦里的蛇形飞舞）；坚持自我就有希望成功（实验44：伽利略VS月球上的伽利略）；或者选定一个方向就能成就辉煌（实验50：研究大脑的爱迪生）。

从伦理来看，对于祖先的追寻是人类文明中始终不停的探索，新的思考方向是水中生物的连接性，软绵绵的水母竟被发现与人类基因有几近相似之处（实验45：人类的祖先是水母）；一般来说，物种的诞生和发展需要一雄一雌的共同配合和努力，但难保不会有一方过于强势的可能（实验40：爱你所以吃掉你）；有科学家思考，一夫一妻的传承一旦被打破，产生的孩子又该如何自处（实验56：拥有三个父母亲的婴儿）。

人类世界中，无穷的探索，无尽的思考，文明的诞生和发展，都是被这些探索和思考不断推动前进的，每一次的探索和更新都是一个前进，在无穷的奥义中，闪现出智慧的光芒。

尽管在前进的道路中，新的想法常常会让人产生恶寒的冲动，但这也是在阵痛中成长的典型范例。

下面，就请大家做好准备，欣赏各种重口味的实验吧！

实验34 炸药大王的悲哀

快眼看实验

地点	瑞典斯德哥尔摩郊外
时间	1843年12月～1866年10月
主持人	阿尔弗雷德·诺贝尔
目标	减轻劳工繁重的体力劳动，建设和平世界
特点	疯狂实验第一人
脱线指数	★★★★★
可模仿指数	★（若是非要模仿，请去安全的地方操作，不然，炸了自己家可没那么好玩。）

全实验再现

“轰……”

震耳欲聋的爆炸声在斯德哥尔摩郊区一处工厂中响起，滚滚的浓烟在天空翻腾，冲天的火焰熊熊燃烧。当附近的人们赶到现场时，昔日的工厂已经只剩断壁残垣，只有一位30岁左右的年轻人，站在一旁瑟瑟发抖，他身上的衣物多处烧焦，脸色惨白，眼里有盈盈的泪光。

这次爆炸发生在1864年，火场中唯一活下来的人叫阿尔弗雷德·诺贝尔，而人们在火场中找到了五具尸体，四个是诺贝尔平日关系非常密切的实验助手，第五个则是诺贝尔那个还在大学读书、假期来给他帮忙的小弟弟。

诺贝尔呆呆地站在焦黑的瓦砾边，看着人们找出的那五具焦烂的尸体，还有自己费尽心思创建的硝化甘油炸药实验工厂就此化为灰烬。警察在一旁跟他说了很多话，他都没有听清，只听到一句严禁他以后再建造类似的工厂的警告。

当家中的二老听到小儿子惨死的噩耗时，母亲哭晕了过去，年迈的父亲因为激动而突发脑梗，自此半身瘫痪。

父亲在病房中把诺贝尔叫到床前，质问他说："我当年让你四处游历学习新的技术没错，但是没让你把自己和家人的性命都赔进去，以后不许你再进行制造炸药的实验了！"

诺贝尔低头听着父亲的教诲，却并没有答话。

几天后，在远离斯德哥尔摩市区的马拉仑湖中，出现了一艘巨大的驳船，驳船上没有货物和航海器具，只有各种奇怪的设备。一个年轻人全神贯注地进行着实验，他正是前几日被人们像躲避瘟神一般躲避的诺贝尔，由于火灾，没有人愿意再将土地或厂房租给他进行实验，他只得高价买了这艘船，在湖上继续着危险的实验。

后来，诺贝尔终于成功造出了雷管，这在当时的世界上是一项重大的突破，当时的欧洲正处于工业化发展时代，矿山开采、铁路修建、运河的挖掘等，都使用了诺贝尔的雷管炸药，诺贝尔一夜之间闻名世界，也获得了巨大的财富。

可是，成功的同时，一系列的灾祸也接踵而至。旧金山运炸药的火车发生爆炸，火车被炸得七零八落；德国一家工厂在搬运硝化甘油过程中爆炸，整个工厂和附近的民宅都变成了废墟；巴拿马的一艘运载硝化甘油的轮船发生爆炸，整个轮船都沉入海底……

一连串的噩耗，很快就传遍了世界，人们震惊的同时，都将恐惧转化为对诺贝尔的谴责，指责世界开始变得动荡危险都是因为他的发明。诺贝尔默默承受着这一切，并没有因此意志消沉，而是化悲痛为力量，义无反顾地继续前行着。

诺贝尔的一生中，发明的专利有355项，并选择在离世前，将资产捐赠建立诺贝尔奖项，鼓励后世的人们在各个领域发明创新，他是当之无愧的疯狂实验第一人。

IN 视角

简单的想法，悲痛的过程，让世界震惊的结果，是诺贝尔用一生的贡献浓缩而成的。谁能想到，发明新事物竟要付出那么大的代价，恐怕任何其他疯狂的科学家都没有过诺贝尔那么令人悲痛的实验过程。有时，我们不禁会想，若是这个世界没有诺贝尔，没有他费尽心力发明出的炸药，是不是就会真的和平安稳？更多时候，人们还是钦佩这个付出一切的科学家，以及世代承传的各种诺贝尔奖项，尤其是其中的诺贝尔和平奖，我想应该是他最乐于见到的奖项了。

实验35 梦里的蛇形飞舞

快眼看实验

地点	梦里
时间	1867～1869年
主持人	凯库勒
目标	发现苯的结构
特点	梦里的科学启示
脱线指数	★
可模仿指数	★★★★（白日梦终于有了冠冕堂皇的理由，为科学发展而努力！）

全实验再现

"我郑重发誓，我接下来所说的话都是实情！我是吉森大学建筑系的学生凯库勒，住在赫尔利茨伯爵家对面，火灾发生时，我就在家里看到了对面的情况，警察到来之前，没有别的人进入伯爵家。"

法庭上，年轻的凯库勒作为证人被传唤，因为在他看到对面伯爵家火灾发生的当天，伯爵夫人的宝石戒指失窃了。据说，那个戒指上是两条蛇缠在一起，一条是纯黄金打造，另一条是纯白金打造，是伯爵夫人非常喜欢的一枚戒指。

火灾后，伯爵夫人在府里搜遍了仆人们的住所，在其中一个仆人那里找到了一枚相同的戒指，但仆人一口咬定那是自家的祖传宝贝，从1805年传下来，是用黄金和白银打造的两条蛇。

双方争执不下，闹上法庭后，法院找来著名的化学教授李比希协助作证。

李比希在对戒指的金属成分进行测定之后，郑重地在法庭宣布："经过鉴定，这枚戒指上白色的蛇是由白金打造而不是白银！而且用白金打造首饰是从1819年才开始，绝不可能是1805年就已制出，由此看出，仆人说的是谎话。"

李比希一番有理有据的证词，让案件得到了公正的裁决，也给同样作证的凯库勒留下了深刻的印象。他突然发现，原来，化学是那么神奇的一门学科。

从这之后，凯库勒开始追随李比希改学化学，并从1850年开始，在李比希的实验室里协助工作。

当时的李比希正为一个难题而困扰，就是作为重要的有机化学原料之一的苯，分子结构究竟是怎样的。

只有找到苯的分子结构，才能真正做到正确高效地提取它并应用于石油产业。李比希和当时的很多化学家都在苯的分子结构上止步不前，凯库勒也在帮老师寻找可以解开难题的方法，他每天都在尝试各种不同的化学结构式，但都没能成功。

有一天，凯库勒在写结构式时，对着炉火打起了瞌睡，他满脑子的分子、原子都在眼前跳跃着，如同当年做建筑设计时一般，自动在脑中做着排列组合。突然，他发现那些分子组成了一条长长的分子结构，看起来正像一条蛇在盘旋，盘旋中慢慢咬住了自己的尾巴旋转着。凯库勒看着看着，灵光乍现，打了个激灵醒了过来，然后激动地进行着新的实验尝试，耗尽一夜，终于完成了苯的分子环形结构式。

凯库勒的苯环结构式，开创了有机化学历史上的一个里程碑。他将自己的梦境告诉了老师，李比希揶揄道："我们没日没夜都在实验室做实验，你小子竟然打瞌睡做着梦也能做实验，还解开了历史难题，我也要向你学学，多做做梦，看看能不能再创造出新的发明……"

IN 视角

其实，看完凯库勒的故事，我们不由地要这样感叹，"有些人的才华，真心是天生的！"这个闻名于世的化学家，悠闲地做个梦，就可以解开当时让众多化学大师们百思不得其解的难题。这也就罢了，可是不承想他在化学之前的建筑造诣也是辉煌异常。在大学之前，凯库勒就已经为自己所在的城市设计了三栋房子并受到广泛好评。问题在于，凯库勒小时候的梦想，既不是当建筑师，也不是当化学家，而是成为一名作家！在读小学时，有一次上课，别人都在写作文，只有他盯着天花板做着白日梦，在老师的责备中，他竟然拿着白纸"读"了一篇让所有人惊叹不已的文章。对于这样的人，真不知是太会做梦还是天生太有才气，应了那句老话，"是金子，在哪里都会发光。"

实验36 坚持坐到第一排

快眼看实验

地点	法国
时间	1896年起
主持人	玛丽·斯克沃多夫斯卡（婚后更名为玛丽·居里）
目标	发现了放射性元素镭
特点	忍得了辐射，耐得了寂寞，终能成为“镭之母”
脱线指数	★★
可模仿指数	★（理由很简单：由于长期接触放射性物质，居里夫人罹患恶性白血病，于1934年逝世。）

全实验再现

有位成功学家经常在演讲中对听众说：“优秀是一种习惯，每次上课、开会，你都要坐到第一排，让更多的人看到你，你自己也会养成自信、自制的好习惯，久而久之，你就会变成一个优秀的人。”

居里夫人，就是这样一个优秀的人。

1867年11月7日，她生于波兰华沙的一个正直、爱国的教师家庭，自小勤奋好学。当时，由于俄国沙皇统治下的华沙不允许女子读大学，加上家庭经济困难，居里夫人只好辍学，当了一名家庭教师。

所幸，后来在父亲和姐姐的帮助下，她渴望到巴黎求学的愿望实现了——到巴黎大学理学院就读。她一心都扑在学习上，在每次的公开课堂上，她都坚持坐到第一排。虽然生活清贫艰苦，但丰富的知识却使她的心灵日趋充实。1893年，她终于以第一名的成绩毕业于物理系，第二年又以第二名的成绩，毕业于该校的数学系，并且获得了巴黎大学数学和物理的双学士学位。

居里夫人毕业之后，决心投入放射性物质的研究中，这一灵感来自法兰西共和国物理学家贝克勒尔。他在1896年发表了一篇工作报告，详细地介绍了他透过多次实验发现的铀元素。在报告中，他这样描述："铀及其化合物具有一种特殊的本领，它能自动地、连续地放出一种人的肉眼看不见的射线，这种射线和一般光线不同，能透过黑纸使照相底片感光，它与伦琴发现的伦琴射线也不同，在没有高真空气体放电和外加高电压的条件下，却能从铀和铀盐中自动发生。铀及其化合物不断地放出射线，向外辐射能量。"

居里夫人阅读完这篇报告之后，产生了强烈的兴趣。这些能量来自什么地方？这种与众不同的射线的性质又是什么？好学的居里夫人想弄清它们。

在实验研究中，居里夫人设计了一种测量仪器，不仅能测出某种物质是否存在射线，而且能测量出射线的强弱。

在贝克勒尔的研究基础上，居里夫人经过反复实验发现：铀射线的强度与物质中的含铀量成一定比例，而与铀存在的状态以及外界条件无关。

居里夫人对已知的化学元素和所有的化合物进行了全面的检查，她发现一种叫作钍的元素也能自动发出看不见的射线来，并且含有铀和钍的矿物一定有放射性。

最重要的是，她还发现了一种沥青铀矿的放射性强度比预计的强度大得多，而这种矿物早已被许多化学家精确地分析过，因此她断言，实验的矿物中，含有一种人们未知的新放射性元素，且这种元素的含量一定很少。

这些研究都是前人所没有做过实验的，居里夫人将自己的研究撰写成论文，引起了科学界的轩然大波。她的丈夫也注意到了这个现象，觉得她的研究内容比自己的关于结晶体的研究更重要，就来和她一起研究这种新元素。

这个新元素就是钋，后来他们还无意中发现了镭。

钋和镭的问世，动摇了几世纪以来的一些基本理论和基本概念。

在1902年年底，居里夫人经过反复实验，提炼出了1/10克极纯净的氯化镭，并准确地测定了它的原子量。它是一种极难得到的天然放射性物质，它的形体是有光泽的、像细盐一样的白色结晶，繁殖过快的细胞，一经镭的照射很快就被破坏了，这个发现使镭成为治疗癌症的有力武器。

但不幸的是，居里夫人一生都致力于发现新的物质帮助他人，却没能救得了自己。在1934年7月4日，居里夫人因恶性白血病逝世，结束了她美丽的一生。

IN视角

居里夫人是一位将自己的一切都无私地奉献给科学事业的伟大科学家，然而她的祖国却对她的研究结果反应迟钝。首先承认她研究结果的是瑞士政府，当他们支付不起每月500法郎的实验室费用时，瑞士政府愿意用年薪一万来聘请她。她和丈夫的第一个奖章是英国赠予的。1903年，居里夫人和居里先生同时被授予诺贝尔物理学奖。在居里夫人的整个研究生涯中，她接受过很多国家的邀约，但她都拒绝了。而这一切都是为了在不考虑金钱和待遇的基础上，提炼出纯净的镭。

实验37 不爱读书的炼金术士

快眼看实验

地点	比利时布鲁塞尔
时间	1605年左右
主持人	海尔蒙特
目标	实验如何由水生木
特点	老虎老鼠傻傻分不清楚——炼金术误把光合作用当魔法
脱线指数	★★★★
可模仿指数	★★★★★（谁小时候没种过树？）

全实验再现

布鲁塞尔的一个贵族家庭里，熟悉的一幕又在上演。

一个孩子从房间里冲出来，嘴里大叫："我不要读书，你们逼我干什么？"

跟着他的大人只能好声劝解："为了你将来的生活着想，你是一定要读书的，难道我们世家的继承人是个文盲吗？”

这个孩子就是海尔蒙特，他是个真正的富二代，在1580年1月12日生于布鲁塞尔一个贵族家庭，并且生下来就是世家的继承人。

作为继承人，自然像现在这样，全家人都对他十分关注和期待，但他的表现太让人失望。他拒绝一切别人为他安排好的东西，像个天生的纵火狂，从小到处烧东西，不仅烧掉教科书，连父亲给他的图书馆也给烧掉了。

海尔蒙特在年轻时就写过这样的话：“每个人都认为到学校受教育是一条理所当然的路，但受教育后所要追求的东西，我不用念书就已经有了。我不知道我到底要什么，我不知道读书的意义在哪里？没有人知道我心中长期的不安与痛苦。如果我不知道读书的真正意义，我相信我所花的时间与努力，终将付诸东流，转眼成空。”

海尔蒙特拒绝读书，他的家人为了他的未来着想，强迫他去学校，甚至安排他进入当时的教育重镇罗凡，接受一堆名师多方教导。他在不满19岁的时候，就已经待过很多学校了，只不过他从来没在任何一家毕业过。家里人甚至都快要对他失望透顶了，同学也在背后嘲笑他，一时间，海尔蒙特的压力非常大，他经常在夜深人静时，独自到小树林里去哭泣，觉得自己是块无用的“木炭”。

但就在这样的夜晚，上帝终于听到了这块“木炭”的哭泣，为他开启了一扇门。

他阅读了一本书——金碧士所著的《效法基督》，这本书改变了海尔蒙特的一生，也将他的一生变得和别的科学家不同——他既是位化学家，又是位炼金术士，他的一生就是魔法和科学的无间隙结合。

阅读了此书不久，海尔蒙特开始变得爱读书，他疯狂地读书，以弥补年少时期，不爱读书留下的遗憾。

1609年，31岁的他终于拿到了人生第一张毕业证书，取得了医师资格。

按照朋友和家人的期望，海尔蒙特可能会一直往医生的道路发展，但他再一次出乎所有人的意料，在化学的道路上越走越远。他延续小时候爱烧东西的习惯，烧掉62磅的木头，最后只剩下一磅的灰，他将消失的那61磅称为气体（GAS），他也是GAS这个英文单字的创始人；他经过实验，改变了当时人爱吃汞物质的习惯；他首次提出“酸碱中和生成水”的概念；他甚至用管子伸入胃中抽取胃液，研究胃液对食物分解的功能。

值得一提的是，虽然海尔蒙特投身化学领域，但他对于魔法还是存在着不可磨灭的幻想，我们从他最著名的“由水生木”的实验中就可以得知。

有一年的春天，海尔蒙特像个农夫一般，种下了一棵柳树苗，他深信所有的物质都是由水幻化而来的，包括动物、植物都是。他的这棵柳树苗就是为了证实这个理论而种下的。

他精心照顾这棵柳树苗，五年后再把它从土里挖出来。根据测量，这期间泥土只减重两盎司，树苗却增重到169磅，是原先种下时的30多倍。

海尔蒙特断言，这新增的30多倍重量正是水转化而来的，因为他除了给小树浇水外，没有做别的事情。

他的实验启发了很多的科学家，开创了研究树苗成长这一过程的先河，尽管这一过程，后来被人们了解到是不够完整的，因为树苗的成长除了水，还有阳光、肥料等许多其他因素。

后来，这一研究被称为“光合作用”。

IN视角

海尔蒙特曾信誓旦旦地对助手说："如果你用一件脏衬衫堵住装满小麦种子的容器的缝隙，大约在21天后，小麦的气味就会发生变化，腐烂物会浸入小麦壳中，然后将小麦变成老鼠。"他的助手目瞪口呆，可是海尔蒙特却是满脸期待的表情。从这件事上，我们也可以看出这个炼金术士对于科学和魔法的观点。

实验38 凡尔赛飞翔的羊

快眼看实验

地点	法国巴黎凡尔赛宫门外
时间	1783年9月11日
主持人	约瑟夫·孟戈菲、米歇尔·孟戈菲
目标	将动物送上天空飞翔
特点	一人得道，鸡犬升天
脱线指数	★★
可模仿指数	★★★★（没有材质制作热气球，个人完全可以做做孔明灯过过瘾，原理等同。）

全实验再现

1783年9月19日，凡尔赛宫外的公园里显得尤其热闹，围满了看热闹的群众。

国王陛下路易十六也在场，他好奇地盯着试验场中央的约瑟夫·孟戈菲和米歇尔·孟戈菲两兄弟。

这两个异想天开的年轻人向他承诺，他们可以将一只羊、一只鸭子和一只公鸡送上天去。

路易十六这一辈子见过鸟飞，还真没见过羊、鸭子能飞的，就算公鸡能展翅飞上枝头，也没有这两兄弟承诺的那么惊人。两兄弟还煞有介事地跟他讨价还价说，如果这三只动物真的能飞上天，它们将会被邀请进驻皇家动物园中妥善照顾，作为它们为科学做出贡献的奖励；并且孟戈菲兄弟俩也将得到他们实验所需的所有费用。

这有何难？不过就是皇家动物园多养三只动物，不过就是给他们一点钱。路易十六更关心的是，如果这三只动物不能飞上天，该如何处置这兄弟俩，性格残暴的路易十六眯起眼睛，放任自己想象可能也是很“有趣”的场景。

孟戈菲兄弟进行的这次动物升空实验，最重要的工具就是热气球。他们用热气将一个重达225公斤、体积800立方米的气球鼓起来，气球下面挂着一个封闭的透气性极好的篮子。他们将一只羊、一只鸭子和一只公鸡放进篮子中。

事实上，这并不是孟戈菲兄弟第一次进行热气球实验，早在1782年，约瑟夫把纸屑扔到火炉中时，无意中发现纸屑不断上升，因此受了很大的启发。11月，他用一件衬衫进行第一次实验，然后又使用缝成“立方体”的绸缎布料。在进行实验时，他成功地让这块绸缎布料上升到他公寓的天花板上。

12月，两兄弟在阿诺内相聚，进行同样的实验：他们用纸制作了一个立方体纸箱，使立方体纸箱升到30米高。他们当时以为是烟致使立方体纸箱上升，因此故意用湿草和羊毛烧火产生浓烟。

1782年12月14日，他们用热气让三立方公尺的气球鼓起来，使这个气球上升。1783年4月，气球制造完成，进行了初步的实验（用绳索系住气球），4月25日，气球被释放了，升至400米左右的高空。

1783年6月4日，孟戈菲兄弟用这个气球进行第一次当众实验，气球上升到1000多米高，并在起飞之后十分钟，降落在离起飞地点两公里远的地方。当时在场的一些众议员写报告给巴黎科学院。

这次，为了得到资助，孟戈菲兄弟来到凡尔赛宫。这个有史以来最大的气球被释放，很快攀升到500米左右的高度，渐渐消失在路易十六的视线中。

“动物真的飞天了！”围观的群众莫不高呼，路易十六也很感兴趣，命令侍者沿着热气球消失的方向去寻找。

后来，在距离放飞热气球3500米左右的距离发现了这三只动物，它们全都安然无恙。

这个实验完美地证明了，动物升空不会导致死亡。

路易十六很满意，按照之前谈好的条件，奖励了他们和三只动物。

IN 视角

动物升空不会导致死亡，那么人类呢？当时孟戈菲兄弟很好奇这个问题，终于在1783年11月21日，用热气球进行了第一次载人飞行实验。气球从巴黎西部的布洛涅林园起飞，在空中持续了25分钟，最后降落在今巴黎十三区的意大利广场附近。

实验39

研究彩虹的人

快眼看实验

地点	德国
时间	1304～1310年
主持人	弗赖贝格
目标	发现彩虹如何产生的
特点	破坏了彩虹的诗意
脱线指数	★★★
可模仿指数	★★★★（知道了彩虹的原理，这个实验就特别容易重现。）

全实验再现

雨后的天空经常挂着美丽的彩虹，不仅仅是文人墨客，科学家们对于彩虹也有浓厚的兴趣，他们一直努力追寻彩虹的秘密。

有科学家猜测，彩虹是对日轮的反射；也有科学家认为，雨中的云雾就像是一面反射镜，将日光反射成彩虹的模样。

根据这些说法，不难看出，虽然彩虹的具体形成原因值得科学家们进一步的探讨，但他们基于彩虹的形成是有个共识的：彩虹是雨或者云雾反射日光而形成的。

但问题又来了，既然是反射，为什么不会反射成别的模样，而一直是弧形状呢？颜色的有序排列又该如何解释呢？有的时候天空不只一道彩虹，而是两道一起出现，这又是什么原因呢？

德国圣多明我教会的牧师弗赖贝格针对这些问题展开了研究，在观察过喷泉、瀑布以及蜘蛛网上的露珠所产生的彩虹之后，他得出结论："当我们明白了一滴雨或者雾中所发生的事情后，我们就明白了（彩虹）是怎么回事了。"

他将一个圆形的玻璃瓶装满水对准太阳，地上果然出现了七彩的光影。但这个装备只证明了太阳光只要穿过水，就能产生不同的颜色，但值得关注的是，它并没有产生彩虹。

一定还有别的办法能让彩虹现身！弗赖贝格将自己关在实验室里好几天，终于想出了一个实验的雏形。

这次，他摒弃了圆形的玻璃瓶，自己亲手制作了一个球形的水瓶，不再把这个看作微缩的云，而将之视为放大的水滴。弗赖贝格同时也改变思路，只追踪单独的一道阳光。他先将阳光射入水滴的上半部，发现光线在水滴内发生了弯转，然后又在水中转换了一个角度继续前进。在这个特制玻璃瓶的另一面观察，可以看到部分光线穿透瓶子，而另一部分继续反射，最后在玻璃瓶的下方，朝太阳方向射过去，在这个过程中，光线也发生了一次弯折。

这样的实验反复进行过很多次，弗赖贝格明白了阳光透过水和玻璃的反射，可以分成很多不同的颜色。人们在观察彩虹时，之所以能够看到彩虹的某种颜色，并不是太阳光原本就是那个颜色，而是在那个时刻，反射光线刚好直射入眼睛。首先人们会看到的是红色，接下来是橙色、黄色、绿色、蓝色、靛色，最后是紫色，并且我们肉眼看到的彩虹是有弧度的。

彩虹的原理已经明晰，那么两道彩虹是什么原因呢？带着这个疑问，弗赖贝格又开始了新一轮的研究。他在追踪射入球形玻璃下部的光线时，找到了问题的答案。光线还是一样在瓶中发生折射，穿过瓶内的水到达瓶的后壁，发生二次折射，在水中穿行后又到达后壁，最后射向太阳方向，而在穿越瓶体时，光线又发生朝下的折射。

由此，弗赖贝格断言，第二道彩虹是二次反射参与的结果，而光线在折射中会流失，也导致了第二道彩虹不如第一道那么明亮。

困扰弗赖贝格那么久的问题得到了解决，这个发现彩虹秘密的实验也被称为“中世纪西方世界最伟大的科学贡献”。

IN视角

弗赖贝格的实验，在科学史上占据重要的地位，他在实验中使用到的元素特性推及整体性的方法，后来经常被科学家们用到，这就是著名的归纳法。但当时有很多文人对弗赖贝格颇为“讨厌”，因为他完全破坏了“彩虹的诗意”。

实验40 爱你所以吃掉你

快眼看实验

地点	澳大利亚
时间	2006年
主持人	安德雷德
目标	寻找性竞赛和性选择理论的最理想模型
特点	实验场景非常可怕
脱线指数	★★★
可模仿指数	★（在澳大利亚，特别是乡村地区，每年都有被红背蜘蛛咬伤致命的案例出现。）

全实验再现

爱你所以吃掉你，这不是恐怖片或者爱情片里的桥段，而是发生在澳大利亚红背蜘蛛——黑寡妇身上的真实场景。

众所周知，在自然界中，有些动物的雌性为了更好地养育下一代，会在交配之后吃掉雄性。销魂一度后被自己的情人吃掉，在螳螂、蜘蛛的世界中，都不算是稀奇的事。许多生物学家更是把这解释成雄性一方为繁殖后代而做出的必要牺牲，这么说颇有几分“化作春泥更护花”的浪漫气息。

然而，澳大利亚的生物学家安德雷德研究了澳大利亚剧毒红背蜘蛛后发现，真相远没有这样诗情画意。

在实验之前，安德雷德就知道动物种群中隐藏着强烈的自私本能——某些动物不惜任何代价以取得生存和成功繁殖。但对澳大利亚红背蜘蛛的研究让她明白，自然界动物的残忍本性远远超出她的想象。

对澳大利亚雄性红背蜘蛛来说，生命的全部就是性爱和死亡。如果幸运的话，它们还能有机会将自己的精液射入到雌性蜘蛛的身体里，生下带有自己血缘的下一代。不幸的话，身材比雌性红背蜘蛛娇小的它们，在生活条件艰难、缺少食物的环境下，在交配前就被雌蜘蛛当了美食。

在研究这个剧毒物时，安德雷德及同事将一些雄性红背蜘蛛放在菲尔蒙当中，菲尔蒙是一种动物释放出来作为一种交流方式的化学信息素，通常表达了一种性的需求。在这个实验中，这些蜘蛛看不见也碰不到它们周围的其他蜘蛛，它们只能嗅出潜在的配偶。

安德雷德及同事们在实验中发现了一个有趣的现象，当一只雄性红背蜘蛛闻到有异性出现时，会自主地让自己的身体快速成熟，以期和对方交配；如果它没有闻到异性的味道，则会“慢慢”地成长，以便储存一些时间和精力，为去漫长遥远的地方寻找异性伴侣做准备。

实验室中的雌蜘蛛先是散发出诱人的气味，吸引雄蜘蛛的到来。而雄蜘蛛到来后，为了展示交配的意愿，它们会轻轻地拍打那对像拳击手套一样的触须，身体兴奋地颤抖着。

雌蜘蛛如果对雄蜘蛛没有特别的敌意，就可以开始交配行为了。雄蜘蛛经过一段时间的努力，最终将精液注入雌蜘蛛体内时，雌蜘蛛也开始了自己的“捕猎”行为，它们会将消化液注入雄蜘蛛的身体，然后贪婪地吞食雄蜘蛛的腹部。

整个过程无异于最重口的恐怖电影。

雌蜘蛛在食用雄蜘蛛的过程中，会有触须稍稍松开的情况，每当这个时候来临，还没被吃干净的雄蜘蛛就会试图挣脱雌蜘蛛的捕食，但一切都无济于事。雌性红背蜘蛛肥壮硕大，比体态羸弱的雄性红背蜘蛛重50倍以上。瘦小的“丈夫”被困在肥胖的“妻子”编织的死亡之网中，被薄情的“妻子”津津有味地一口一口吃掉。

在这场精心策划的交配行为中，雄蜘蛛付出了高昂的代价——生命。因此，它们之间的关系也被安德雷德视为关于性竞赛和性选择理论的最理想模型。她认为，雄性鼓励了雌性食同类的倾向，把自己送入了雌性蜘蛛的嘴里，与自己的精子共同成为雌性的一部分。

IN 视角

我们从以上实验的结论中不难看出，安德雷德趋向于认为雄性红背蜘蛛是自愿献身的。理由是，雄性红背蜘蛛在交配时，故意将身体伸到雌蜘蛛的嘴边，让雌蜘蛛有机会吃掉自己。即使它有机会逃走，它也不逃。但也有另一部分科学家反对她的观点，他们认为，雌蜘蛛之所以要吃掉雄蜘蛛，不是雄蜘蛛自愿献身，而完全是出于雌蜘蛛富有侵略的天性。他们亲自做实验，发现60多只这种蜘蛛在雄性接近的时候，就迫不及待地将它们吃掉，有些富有侵略性的雌性，甚至在雄性侥幸逃脱后还主动出击。

实验41 狗改不了吃屎

快眼看实验

地点	加拿大的温哥华大学实验室
时间	1981年8月
主持人	生物学家阿比盖尔
目标	弄清狗吃屎的原因所在，纠正宠物的不良习惯
特点	被观察对象的行为不是一般的重口
脱线指数	★
可模仿指数	★★★★★（该实验本来就是阿比盖尔博士专门给有宠物的人谋福利的实验。）

全实验再现

1980年的某一天，阿比盖尔正在自己的实验室中冥思苦想研究课题，一位老朋友上门求救了。

“阿比盖尔，你帮我管管这个小东西吧！”老朋友约翰将一只毛茸茸的可爱小狗塞到阿比盖尔的怀里，“它实在是太让我失望了！”

“发生了什么事？”阿比盖尔抚摸着小狗毛茸茸的脑袋问，狗狗睁着无辜的大眼睛看着他，浑然不知自己怎么惹到主人了。

“这个小东西是我从狗市上买回来的，它父母都是曾经在狗狗比赛中获得过冠军的好狗，照遗传学来说，它也不会太差。可是，它跟了我一个月，我也纠正了一个月，它就是改不了吃屎的毛病。不管我打它还是奖励它，都没办法做到让它杜绝这个坏习惯。”约翰失望地看着小狗，又将希望投注到阿比盖尔身上，“老朋友，你可以帮我吧？”

就这样，还没想到实验选题的阿比盖尔无奈地留下小狗，负责观察它的行为。

经过几天的观察，阿比盖尔发现，约翰的小狗在吃的“屎”上是有选择性的，它吃一部分人类的或者其他动物的排泄物，而几乎不碰自己的。

是不是这些排泄物中，刚刚好有小狗需要的营养成分呢？

阿比盖尔将小狗选择吃下的排泄物带回到实验室中做化验，通过精准的分析，阿比盖尔发现这些排泄物中都含有硫胺素（维生素B1）。

发现了这个问题后，阿比盖尔开始给小狗喂食一定量的维生素B1，两周之后，小狗就完全改掉了吃屎的习惯。

当约翰来领自己的小狗时，阿比盖尔向他解释了小狗吃屎的原因，并且得意扬扬地说：“这下，我可以发表论文了。”

约翰想了一下，反驳他道：“我认为这个原因不能解释所有狗狗吃屎的行为，我的狗爱吃排泄物，是因为排泄物里有它需要的营养素，但是有另外一些狗，只爱吃自己的屎，你该如何解释呢？”

阿比盖尔被约翰问住了，于是又开始了新一轮的研究。经过大量的观察实验，阿比盖尔发现，慢性胰腺缺陷、吸收不良综合征（营养吸收不良）和饥饿会导致狗吃屎。在这些情况下，粪便中会有大量未消化的食物，狗在吃自己的粪便时，提高了粪便吸收的营养价值，也改善了自己的营养不良。并且，值得注意的是，这些疾病在狗开始吃屎前会进一步恶化。

阿比盖尔将自己的研究发现撰写成文，发表在1981年的《兽医学研究》日报上。在这篇文章中，他也承认自己的研究存在空白之处，有些吃屎的狗，营养良好并且没有任何潜在的健康问题。关于这些健康的狗为什么吃屎，他并没能搞清楚原因。

IN 视角

针对阿比盖尔的疑问，有人假设说，狗吃屎是狗在进化过程中遗留下来的清洁行为。也有人说，吃屎的习惯是狗从小培养的。母狗会舔幼崽的生殖器和肛门，促进它们排尿以及排便，然后吃掉粪便从而保持窝的清洁。幼崽从母狗以及其他小狗身上学到了这种行为，但大多数幼崽在断奶时才会停止学习。吃屎的行为会伴随它们到成年，那时它们可能已经习惯了粪便的味道。而有些特别健康的狗狗也吃屎，或许仅仅是因为无聊，或者是想寻求关注，又或者是因为它们很焦虑。

实验42 世界上性欲最强的动物

快眼看实验

地点	美国宾夕法尼亚州立大学
时间	20世纪60年代
主持人	马丁·斯琴和埃德加·黑尔
目标	了解火鸡的最低性刺激点
特点	有情有欲有逍遥，火鸡也疯狂！
脱线指数	★★★★
可模仿指数	★★★★★（只要道具准备好，雄火鸡就会全力配合你。）

全实验再现

马丁·斯琴是美国宾夕法尼亚大学生物系的教授，和其他生物学家不同，他研究的领域相当“狭窄”——只研究火鸡这一种生物。

火鸡也称吐绶鸡，原产于美国和墨西哥，栖息于温带和亚热带森林中。

野生火鸡喜栖息于水边林地，体型比家鸡大3～4倍，体长110～115厘米，翼展125～144厘米，体重2.5～10.8公斤。它的颈、足像鹤，嘴尖冠红且软，爪子锋利，能伤人。雄火鸡尾羽可展开呈扇形，胸前还有一束毛球。

在美国的饮食中，火鸡是很重要的食材，每到感恩节，几乎家家户户的节日宴会上都有一道必不可少的特色名菜——“烤火鸡”。

正因为火鸡跟美国人民的生活如此贴近，在开始从事研究生涯时，马丁·斯琴就将火鸡作为自己的研究对象。

这天，临近下班的时候，马丁·斯琴突然有了一个想法，他兴冲冲地来到自己的同事兼好友埃德加·黑尔的办公室，兴高采烈地对他说：“黑尔，我有个好想法，是别人没有研究过的领域。”

黑尔也很感兴趣：“是什么领域还未有人涉及？”

“火鸡的性能力！”马丁·斯琴兴奋地看着同伴，期待能得到他的支持。

但让他失望的是，埃德加·黑尔对于这个领域不是那么有兴趣，他抱歉地对马丁·斯琴说：“这个领域确实是没人研究，但我不认为它有研究的价值。”

“别这样，朋友。”马丁·斯琴劝他说，“我从现有的资料研究，发现火鸡可能是世界上性欲最强的动物，你对这个难道没有兴趣吗？”

埃德加·黑尔犹豫了，对生物学家们而言，人类之所以能够“脱猿为人”，除了书本上讲的“劳动”这个原因之外，还有生物学上的两个因素，发挥了关键的作用，即人类的杂食性、人类发情交配的弱周期性和随意性。于是，在性和性的活动上，我们再一次强调了人类的高级性，想当然地授予人类“性活动九段选手”的称号。但是，如果火鸡的性能力比人类还要强，那自然是可以作为研究对象的。

埃德加·黑尔答应了马丁·斯琴的邀请，他们抓来一只雄火鸡，让它和一个制作非常逼真的雌火鸡模型共处一室。

正如两位生物学家预料的那样，雄火鸡刚走进实验室，就对雌火鸡模型产生了极大的兴趣，几乎是立刻显示出想要和对方交配的意愿。

在进一步的实验中，他们逐次把雌火鸡模型上的部位一块块取走，先是脚、屁股、翅膀……他们希望了解雌火鸡身体的变化对雄火鸡性趣的影响，并确定能够唤起火鸡性欲的最低条件。让两位生物学家大吃一惊的是，当模型只剩下一根木棍支撑头部，雄火鸡的热情仍然没有丝毫减弱的迹象。

实验结束后，埃德加·黑尔和马丁·斯琴撰写论文断定，火鸡是地球上性欲最强的动物。

IN 视角

虽然埃德加·黑尔和马丁·斯琴得出了“火鸡是地球上性欲最强的动物”的结论，但他们的实验过程，却遭到了其他生物学家们的非议。争论最多的是，他们仅用了一只正值壮年的火鸡来做实验，其代表性和可靠性是远远不够的。有生物学家提出，如果那只火鸡恰好是吃了带有春药性质的食物呢？是不是会极大影响实验结果呢？对于这些异议，埃德加·黑尔和马丁·斯琴并未做出进一步实验来说明。

实验43 短命的双头狗

快眼看实验

地点	苏联
时间	1954年
主持人	德米科霍夫
目标	创造两个头的狗
特点	谁说只有上帝有能力创造生物?
脱线指数	★★★★★
可模仿指数	★（这是一种逆天的行为。）

全实验再现

在许多科幻小说中，“变态”科学家们总是妄图靠创造新的物种来挑战上帝的神圣地位，以显示自己是无所不能的天才。在现实生活中，也有一位这样的“变态”科学家，他就是苏联的生物学家德米科霍夫。

1954年，德米科霍夫在寻求实验灵感时，他阅读到了一则希腊神话故事。这个神话故事中有一只双头狗，由拥有三个身躯的泰坦神革律翁饲养。它与欧律提翁负责守护“日落之岛”厄律忒亚的牛群，厄律忒亚岛是赫斯珀里得斯仙女所居住的岛屿之一。海格力斯最终杀死了双头狗、欧律提翁和革律翁，然后把牛带走，完成了他的第十件英雄事迹。

德米科霍夫心动了，如果说自己能够炮制出一只双头的狗，那自己岂不是跟神明站在了同样的高度，这个成就一定能轰动整个科学界。

事实上，在这之前，德米科霍夫已经做过相关的实验。早在1946年，他曾尝试为一只狗实施世界上首例心肺移植手术，在接下来的几年中，他又移植了狗身上几乎所有的器官。1952年，德米科霍夫成功实施了世界上首例“活狗换心”手术，但这只狗只活了五个月。

基于曾经研究的成绩，德米科霍夫觉得自己也能创造出神话故事中那样拥有两个头的怪物。

1954年，带着这个想法，德米科霍夫终于开始了他轰动世界的实验之旅。他利用外科手术，在莫斯科市郊实验室，把一只小狗的头、两肩和两只前腿，移植到一头成年德国狼狗的颈上。

双头狗在德米科霍夫的悉心照料下，在手术后的第二天就苏醒了。它看起来非常怪异，而它发现自己脖子上多出第二个“狗头”后，一开始显得相当困惑，还试图摇晃脖子，想将第二个脑袋甩掉，但它很快就容忍了这个无法解释的脑袋，和它共同生存。

而备受关注的，移植过来的第二个“狗头”也能打哈欠、从碗中舔水进食，在术后的第二天，一切看起来都很顺利。然而，在大约六天后，由于身体组织排斥，两个“狗头”和它们的共同身体全都死掉了。

德米科霍夫在第一只“双头狗”面世后的15年里，又炮制了20只双头狗，最长命的一只也只活了一个月。由于实验违背伦理道德，德米科霍夫也被世人视为不逊于“纳粹分子”的残暴科学家。

IN视角

德米科霍夫除了炮制双头狗之外，还恢复过死狗的心跳。他先是把一只狗放到热水里淹死，26分钟后，他开始“复苏”这只狗，经过人工呼吸和输血，这只狗竟奇迹般地复活了。

一天后，这只“复活”的狗就开始活蹦乱跳，和其他狗看起来没有任何区别。因此，德米科霍夫认为，人体心脏停止跳动后大约一个小时，大脑才会死亡。

虽然德米科霍夫对于科学做出了贡献，但他实验的过程和手法却颇受世人诟病。

实验44 伽利略VS月球上的伽利略

快眼看实验

地点	月球
时间	1971年8月2日
主持人	戴维·斯科特
目标	测量不同重量的物体在月球上的下落速度
特点	伽利略有何厉害之处？在月球上做斜塔实验才是真厉害！
脱线指数	★★★
可模仿指数	★（先上得了月球再来谈论实验细节。）

全实验再现

不同重量的物体从高空落下，究竟是轻的先落地还是重的先落地呢？

古希腊权威思想家亚里士多德（公元前384～322年）曾经断言：物体从高空落下的快慢和物体的重量成正比，重者下降快，轻者下降慢。比如说，十磅重的物体落下时，要比一磅重的物体落下快10倍。

这个理论在今天看来无疑是荒谬的，但对当时的人来说，亚里士多德说的话就是真理，他绝对不可能会犯错。于是，这个错误的观点被认为是真理，被人们信奉了几百年。

直到一位年轻的数学讲师，对于这个“真理”产生了怀疑。

他假设说，如果有一轻一重两块石头同时从高空落下，按照亚里士多德的说法，重的那一块必然会以更快的速度下降，而轻的那块下降速度则会逊于重的那块。但是，如果把两块石头绑在一起呢？由两块石头组成的这块新石头，该以谁的速度下降呢？

按照亚里士多德的理论，将会得出两个截然不同的结论。一方面，新石头的下降速度应小于第一块大石头的下降速度，因为加上了一块以较慢速度下降的石头，会使第一块大石头下降的速度减缓；另一方面，新石头的下降速度又应大于第一块大石头的下降速度，因为把两块石头绑在一起，它的重量大于第一块大石头。

但这两个结论是不可能同时出现的，这也就说明，亚里士多德的理论是错误的。

根据自己的初步推论，这个年轻的数学讲师得出一个新的结论：物体下降速度与它的重量无关。如果两个物体受到的空气阻力相同，或将空气阻力略去不计，那么，两个重量不同的物体，将以同样的速度下降，同时到达地面。

为了证明自己的观点，这个数学讲师决定做一个实验。

1589年的一天，年仅25岁的他带着助手及对手来到著名的比萨斜塔。他登上塔顶，将一个重100磅和一个重1磅的铁球同时抛下。在众目睽睽之下，两个铁球出人意料地，差不多是一齐落到地上。

这个实验结果令在场的所有人都惊讶极了，大家面面相觑，不知道该说些什么。

这个年轻的数学讲师也因为这个著名的比萨斜塔实验而青史留名，他的名字叫作伽利略。

伽利略推翻了亚里士多德的理论，用事实证明，轻重不同的物体，从同一高度坠落，加速度一样，它们将同时着地。

这是在地球上的实验，当人们仰望星空的时候，不禁又联想出另一个问题来：在月球上，两个重量不同的物体在同一高度坠落会不会同时着地呢？

众所周知，月球上的地心引力只是地球上的1/6，在阻力如此小的情况下，物体的重量是否会影响其下坠时间呢？

在伽利略的比萨斜塔实验过去300多年后，宇航员戴维·斯科特在实况摄影机前进行了一项实验：在没有空气的月球大气中，他同时放下一片羽毛和一把重量为羽毛40倍的锤子。

当实况摄影机向地球回传图像时，他们惊讶地发现，月球上的实验结果竟然和地球上的相同，不同重量的两个物体，同时降落在了月球表面，这一实验在月球上再次证明了伽利略理论的正确性。

IN 视角

主导两个实验的科学家都足够疯狂，一个是挑战受到世人敬仰的大师，另一个是将实验带到了太空之上。但疯狂本身不是目的，它只不过表现了人类的求知欲。无论何时何地，每个人都有通过自己的方式了解未知世界的权利。在伽利略实验之后，也有人提出异议，在日常生活中，我们经常会看到：一个瓶子比一片树叶下降快，一个锤子比一片羽毛下降快。你能想明白这是什么原因吗？

实验45 人类的祖先是水母

快眼看实验

地点	美国马里兰州
时间	2013年12月
主持人	安迪·巴克塞瓦尼
目标	从基因角度研究人类真正的祖先
特点	漫漫寻根路，疯狂也执着！
脱线指数	★★★
可模仿指数	★★（有一种政府才能从事的高大上研究叫基因研究。）

全实验再现

人类到底是从什么动物进化而来的？有科学家提出，是水母。

过去很多年，人们将水母说成简单而原始的动物。就像它的亲戚海葵和珊瑚虫一样，水母的结构一点也不复杂，它没有脑袋，也没有前胸后背，更没有腿和鳍。它的内脏就像是一条管子，嘴和肛门的作用差不多，没有大脑，只有一套弥散的神经网络。在文艺复兴时期，人们甚至将它视为植物。

到了18世纪，生物学家们才不情愿地将水母列为动物行列，他们将类似水母这样的动物定位为腔肠动物，是介于动物和植物之间的定位。

在水母中，有一种特殊的群体叫作栉水母，它是和水母、海蜇相似的胶状海洋生物，它的基因序列还没有被人类收录。美国马里兰州的安迪·巴克塞瓦尼教授和他的助手在试图弥补这个空白时，无意中发现，栉水母的基因组和所有物种的基因组都相似。它与所有动物都有着（基因意义上的）血缘关系。

这个惊人的发现很可能就意味着：所有的物种都是从栉水母进化来的。

在这个研究结果发现前，科学家们一直认为，人类是从海洋里的无脊椎海绵动物进化而来的。

但海绵动物没有神经系统或肌肉，当科学家认为它们是我们最早的祖先时，曾经假设经过时间的推移，它们进化成为其他动物并发展出了这些特征。不过，栉水母却拥有这些特征。这就强化了“它们是人类最早的祖先”这种说法的可能性。

安迪·巴克塞瓦尼教授在接受采访时谈道：“从比较基因组学的角度来看，获得栉水母的基因组资料是极其重要的，因为它使我们可以确定早期动物身上存在的身体和结构性特征。这些资料还能为我们提供一个十分宝贵的结论，从而使我们可以确定形成今天动物界存在的惊人多样性的来龙去脉。”

IN视角

安迪·巴克塞瓦尼教授的论文在网络上发布后，引起了网友的热烈围观。其中一句神回复或许道出了很多人的心声：难道我们人类都是海绵宝宝？科学家的研究真是越来越匪夷所思，如此研究下去，会不会有一天，人类要被视为自然选择的产物？你相信水母是你的祖先吗？

实验46 最早的飚车族是法老

快眼看实验

地点	埃及探索协会
时间	2013年11月
主持人	克里斯·农顿
目标	揭示法老神秘死因
特点	人不风流枉少年！法老成年也疯狂！
脱线指数	★★
可模仿指数	★★（飚车诚帅气，生命价更高。）

全实验再现

在埃及的历史上，涌现了很多著名的法老，图坦卡门就是其中最耀眼的一个。这位9岁君临天下、18岁暴亡，曾一度被认为死于谋杀的法老，周身都被神秘色彩所笼罩。

事实上，图坦卡门并不是在古埃及历史上功绩最为卓著的法老，他被现代人广为熟知的原因，是他的坟墓在三千年间从未被盗，直到1922年才被英国人霍华德·卡特（英国考古学家和埃及学先驱）发现，大量珍宝被挖掘出来，震惊了西方世界。

他的墓室口刻着神秘的咒语，巧合的是几个最早进入坟墓的人，皆因各种原因早死，被当时的媒体大肆渲染成“法老的诅咒”，这才使得图坦卡门的名字在西方家喻户晓，进而成为很多动漫、小说创作的原型。

虽然当时霍华德·卡特发现了图坦卡门的遗骸，但直到现在，他的死因还是个未解之谜。关于他的死因，埃及考古领域有不同的说法，有人说他死于谋杀，因为其头骨有一处骨折，但这个说法很快被推翻；也有人说他是死于疾病，DNA检测结果显示，图坦卡门生前得过疟疾，并患有多种遗传性疾病。他脊柱严重弯曲，右脚趾趾骨严重畸形，并处于恶化的状态，一条腿骨折，综合种种，考古学家认为：图坦卡门是由足伤感染引发恶性疟疾而死的可能性较大。但这种说法也没能得到研究领域的认同。

2013年11月，埃及探索协会主任克里斯·农顿博士进行了一个“虚拟的尸检”，他发现法老的受伤部位全在身体的一侧。

这是个惊人的发现，克里斯·农顿博士根据实验结果，又有了一个疯狂的想法。史料上记载，图坦卡门很喜欢战车，他刚刚处在青少年叛逆时期，他会不会和现代的年轻人一样，也热爱飚车这一高危险性的运动呢？

克里斯·农顿博士请来了自己的车祸研究者朋友，对他讲明自己的想法。朋友也被这个疯狂的念头吸引了，答应帮助他做了一个潜在车辆碰撞的计算机仿真实验。

实验的设计是非常完美的，各部门配合也相当到位。当计算机仿真实验结束后，克里斯·农顿博士和他的朋友们都惊讶极了，他们的想法得到了计算机的证实，结果显示，是二轮战车辗压到了图坦卡门的身上，弄断了他的肋骨、骨盆，压碎了他的心脏，而当时的他正跪在地上。

克里斯·农顿博士对朋友说：“没想到图坦卡门作为君主，竟然真的保留了青少年的这种叛逆。”

朋友也感慨地说：“这个研究发现一定会震撼全世界。”

克里斯·农顿博士点了点头：“这个结果也很好地解释了为什么图坦卡门是唯一没有心脏的法老。”

“对。”朋友赞同道，“很显然是车祸导致法老的心脏破碎，无法修复。”

就这样，“车祸论”作为图坦卡门死因的第三种猜测，被考古研究者们广泛接受。

IN 视角

除了车祸论的提出之外，克里斯·农顿博士对于埃及法老的研究，还有个重要的贡献，那就是图坦卡门尸体自燃的原因。图坦卡门的墓当年被发现时几乎完好，出土了令人惊叹的宝藏，金棺和黄金面具都让世界为之轰动。但科学家们越对他进行研究，就越觉得这位年轻法老充满谜团，他的尸体好像被烧焦，其死因成谜。当克里斯·农顿博士公布了其真实死因后，也同时解密了尸体烧焦的原因——并不是由于火烧，而是当时使用的防腐油发生化学反应，引发了木乃伊身体自燃。

实验47

守护陵墓的法老之蛇

快眼看实验

地点	埃及
时间	远古时代
主持人	不知名的炼金术士
目标	保护法老金字塔不受侵害
特点	一蛇当关，万夫莫开
脱线指数	★★
可模仿指数	★★★★★（完全可以随时随地重现的一个古老实验。）

全实验再现

在很久很久以前，有一位日渐年迈的法老，每天都郁郁寡欢，服侍他的随从看在眼里，急在心里。

这天，随从正在宫殿门口的台阶上坐着唉声叹气，一个炼金术士走过来，问他："你为什么不去服侍法老，却在这里唉声叹气？"

随从一看是法老信任的炼金术士，赶紧站起身来："您有所不知，法老最近为自己的身后事担忧，他很害怕自己死后还未见到拉神，肉身就被破坏了。"

"为什么会有这种担忧呢？"炼金术士觉得不可思议，"按照惯例，法老的肉身都会被制作成木乃伊，存放在金字塔中，以备他从拉神处归来后继续统治埃及，从何谈起遭到破坏呢？"

"总会有一些暴民吧。"随从隐晦地说，"法老担心仅靠金字塔的防御，不足以让那些贪心的暴民畏惧，如果他们进入金字塔……"

炼金术士明白了，原来，法老担心的是盗墓者见钱眼开，闯入金字塔中，拿钱的同时，很有可能会同时破坏了他的木乃伊。

"别担心了，我来想想办法。"炼金术士安慰道。

几天之后，炼金术士求见法老，对法老说他研究出来一个绝妙的武器，可以保护法老未来的木乃伊免受暴民的损害。

法老很感兴趣，跟着炼金术士来到他的实验室。

炼金术士将一些白色粉末撒到地上，点燃它们，然后奇迹就发生了。

法老目瞪口呆地看着白色粉末快速燃尽后，从灰烬中升腾起巨大的蛇状物体，它张牙舞爪想要将人吃掉。

跟随法老进来的随从两腿发软，要不是法老还在观看，他已经逃出去了。

炼金术士满意地看着法老的表情："这就是为您而生的法老之蛇，它可以保护您的安全。"

"只是发挥恐吓的作用？"

"当然不是！"炼金术士将法老及一群人请出实验室，放了几只鸡关到实验室中，片刻之后再打开实验室，鸡全部都断气了。

法老大喜，命人重重奖励了足智多谋的炼金术士，而“法老之蛇”也被一代代盗墓者敬畏着。

千年之后，随着化学研究的进步，“法老之蛇”的谜底才被揭开，这是一个著名的膨胀反应的化学实验。实验揭秘者将硫氰化汞加热，硫氰化汞受热分解时，体积迅速膨胀，变成蛇形。这个实验的方程式：$4Hg(SCN)_2=4HgS+2CS_2+3(CN)_2\uparrow +N_2\uparrow$。除了反应过程非常震撼之外，实验中所用的硫氰化汞有剧毒，分解时也放出毒气，这也是当时炼金术士能把几只鸡毒死的奥妙所在。

IN 视角

让我们来一起重现“法老之蛇”的妙处吧！

1. 工具和材料：糖粉100克，小苏打25克，95%的药用酒精，直径五厘米左右的浅盘容器，灭火器等以备不时之需。

2. 制作：

（1）将糖粉和小苏打充分搅拌混合，得到粉末状物质。

（2）将混合粉末放入浅盘容器中。

（3）在容器中倒入酒精，进一步搅拌混合，然后捏出一个便于点燃的尖头。为了控制反应生成物的方向，可以考虑在粉末上方压一圈阻燃物。

点燃之后，你就能看到一条黑“蛇”自己冒出来，不过这个实验可能产生少量一氧化碳，请在通风处进行。

实验48 眩晕的坠落

快眼看实验

地点	美国得克萨斯州兰道夫空军基地
时间	20世纪40年代
主持人	弗里茨、海因茨
目标	创造出人体失重的环境
特点	一二三牵着手，四五六抬起头，七八九我们私奔到月球，让双脚去腾空
脱线指数	★
可模仿指数	★★★★★（报名参加旅游团即可。）

全实验再现

20世纪的40年代，功能强大的喷气式飞机出世，它的出世不仅为机械界带来巨大的变革，也让飞行医学迎来了新的挑战。

飞行医学在这一段时间做出了很多成绩：通过模仿飞行的不同过程，

研究出了飞行对于人体各项机能的影响；通过离心机可以模仿加速情况下人体压力的骤增；通过实验室里的压力装备，测出高空中气压下降时人体会产生什么样的变化。

面对已经取得的这一系列成就，得克萨斯州兰道夫空军基地，美国空军航空医院的弗里茨和海因茨两位教授却没有欣喜之感，因为一个难题久久困扰着他们。

这个问题就是，如何在地球重力场的影响下，制造出失重感觉?

令人遗憾的是，弗里茨和海因茨两位教授，在实验室中想过千万种办法，但都没能在地球上制造出失重的环境。他们在《为从事航空医学研究而制造失重状态的办法》中写道："我们猜测，在高空飞行过程中，人体失重也是个巨大的问题。但是当我们试图在实验室中制造出失重状态时，一切努力都无济于事。"

后来，他们终于想出了一个疯狂的实验办法——将实验场所搬到了高空中！让一架飞机按照45度的曲线飞行，就会产生暂时的失重体验。

如今看来，他们想出的办法可能不值得一提，但在当时，这却是个了不起的成就。要知道，那个时候还没有宇航员，航天事业蓬勃发展也是在几十年后。虽然当时最厉害的喷气式飞机，能够飞到距地面几千米的高度，但在那个高度，地球重力的影响和在地面上没有什么差别。

弗里茨和海因茨之所以能想到这个办法，灵感来自于一个飞行员，他称自己在飞机飞行时，突然关闭发动机，飞机随即向地面坠去，当时他就处在了失重状态。

弗里茨和海因茨解释说，就像一个人在坠落的电梯中，如果忽略电梯下落的阻力，那么可以认为电梯和人的下降速度是相同的。在这样高速的坠落速度中，人就会处于失重状况。这个例子也可以得出新的结论：人在高空中往下坠落，无论坠落的方式是怎样的，其失重状态都是一样的。

为了使失重状态维持得更久，弗里茨和海因茨两位教授想出了一个办法，让飞机呈抛物线方向飞行。飞机先上升，然后在到达顶点后，沿着和上升轨迹对称的曲线坠落。飞机中的飞行员以同样的角度和速度下降时，他就能体验失重状态。根据计算，这个失重状态的时间可以延长至35秒。

弗里茨和海因茨两位教授的研究在1951年前还处在理论阶段，在之后，一位飞行员证实了他们的观点。他通过45度的抛物线飞行，经历了25秒的失重。这位勇敢的飞行员在事后对两位教授描述说，他感觉自己在那二十几秒内像失去了身体。失重让他持续眩晕，但他并没有失去身体的协调性。

抛物线飞行，从两位教授发明之日起，一直到现在，都是宇航员们必须经历的训练课程，只不过他们的训练地点，改成了在美国宇航局特制的训练机KC-135 中进行。

由于几乎所有的宇航员都说他们会在训练中出现眩晕的感觉，因此，这个训练机也被称为“眩晕轰炸机”。

IN 视角

如果有人想要见识一下KC-135 的风采，可以看看汤姆·汉克斯的电影《阿波罗13号》，这部电影租借了这部特制飞机。如果有人想体验失重的眩晕感，也可以乘坐伊尔—76飞机。伊尔—76飞机已经成为旅游地推荐给游客的旅游项目，打破了历来只有宇航员独享失重感受的局面，让普通人也有了一次当“宇航员”的机会。

实验49 沙漠中的病菌实验

快眼看实验

地点	犹他州的杜格威实验基地
时间	1955年7月12日
主持人	威廉·提格特上校
目标	测试生物武器对人体的伤害
特点	致人患病而不是治病
脱线指数	★★★★
可模仿指数	★（类似的实验很难再得到任何一个国家的批准。）

全实验再现

关于选谁作为实验对象的问题，威廉·提格特上校终于在1955年守得云开见月明。有人向他推荐了基督再临派教会，至此，这个他一直苦恼的问题终于得到了解决。

说到基督再临派教会，在当时可谓是无人不知，无人不晓，其教义不允许信徒参军，但又宣扬爱国、奉献精神；不允许信徒抽烟、喝酒，甚至连咖啡也不能喝，同时鼓励素食。对威廉·提格特上校的实验来说，他们是再合适不过的志愿者。

推荐者对威廉·提格特上校说："你很难找到这样既有奉献精神又有强健体格的志愿者了。"

威廉·提格特上校动心了。他要做的实验，是美国陆军第一次，也是美国历史上承认的唯一一次用人体进行生物武器的投放实验，他需要找出O型热的病原体对人体会有怎样的伤害。

威廉·提格特上校清楚地知道，日本和俄国人在二次世界大战时期都用人体做过生物武器的实验，并且运用种种残忍的手段，取得了不凡的成绩。因此，美国政府虽然表面上谴责这种实验，暗地里却是支持的，从1943年起也进行过一系列类似的实验。不同的是，美国政府允许的是在猴子身上做实验。威廉·提格特上校曾对自己的助手说："如果我们利用生物武器攻击一座猴子山，我们会清楚地知道将发生什么；但如果用生物武器空投人类的城市，我们谁都不知道会发生什么。"

在这样的背景下，威廉·提格特上校申请在人体中进行生物武器的实验。实验被批准了，志愿者却招揽不到，直到有人向他推荐了基督再临派教会。

威廉·提格特上校找到基督再临派教会的负责人，向他详细讲述了实验过程及崇高目的。教会负责人积极响应了，他说："参与这项实验，对我们的年轻人来说，不仅仅是参与一项重要的军事医学研究，他们将为全体国民的健康做出贡献。"

能得到基督再临派教会的支持，威廉·提格特上校喜不自胜。他带着

30个年轻人来到犹他沙漠中的杜格威实验基地。

1955年7月12日夜晚，天气晴朗，是进行实验的好时机。基督再临派教会的30名年轻人洗净身体，穿上新衣服，来到沙漠中央。随着一声轻响，大约一升带有O型热的病原体的溶液被洒向夜空。

O型热病原体，是一种能够引发强烈头痛和肌肉疼痛的病菌。

实验结束后，这30个年轻人会被快速送到实验室中重新洗澡，在紫外线灯下消毒杀菌，杀死残留的微生物，而他们在实验中所穿的衣服会做焚烧处理。然后，他们将回到配备有电视、杂志、娱乐设施的单人房中，等待头痛症状的出现。

实验前，威廉·提格特上校曾预言，这次实验大概有一个人可能会面临死亡。因为据之前猴子的测试结果，O型热病原体导致的死亡率在1/30。而实验结果是，1/3的人都染上了病。

1955年到1973年，共有2200名年轻人参与了类似的实验。加上炭疽病、鼠疫、伤寒、脑膜炎等，威廉·提格特上校领导的美国陆军共进行过153项生物武器实验。

他们有个共同的秘密名字——白衣行动。

IN 视角

尽管威廉·提格特上校和基督再临派教会的领导人在当时将这项实验描述得崇高无比，当时的年轻人也是自愿参与。但若干年后，当这些年轻人变成老年人，再次接受采访时，他们中有人这样说：“当时，我一个人都不认识，感觉像被骗了一样。”

在实验当年，也有人质疑，一个崇尚非暴力的教会组织支持生物武器的实验是不是有违教义？

白衣行动的学者称志愿者全部都是自愿献身的，并且在实验过程中，也可以随时退出，并不违反教义。无论真相如何，类似的实验在今天的社会，已经是很难获得批准了，毕竟它对人体的伤害太大了。

实验50

研究大脑的爱迪生

快眼看实验

地点	西班牙科尔多瓦的阿拉米里拉农庄
时间	1963年春日的一个夜晚
主持人	何塞·M. R. 德尔加多教授
目标	研究电击对于人类和动物行为的影响
特点	科学面前，疯牛也变乖
脱线指数	★★★★
可模仿指数	★★★（能制伏斗牛，将控制器安装到它脑袋里就一切完美啦！）

全实验再现

1963年春日的一个夜晚，在西班牙的一个小庄园里，人们目睹了惊心动魄的一幕——在童年时短暂学过“舞红布技巧”的何塞·M. R. 德尔加多教授，独自站在一头重达250公斤的斗牛面前。

在这之前，德尔加多教授也做过一次相同的实验，但在那次实验中，他并没有亲自上场，而是由一个经验丰富的斗牛士负责将牛激怒，他自己则站在远远的隔板之后观察实验结果。

但这次不同，有了上次的成功经验，德尔加多教授决定亲自上场制伏已经疯狂的公牛。虽然他的朋友和同事都劝他不要冒这个险，但他对自己的实验结果很自信，坚持自己上场，朋友们都为他捏了一把汗。

德尔加多教授站在庞大健壮的斗牛面前，说不害怕肯定没有人相信，但他还是勇敢地扬起了手中的红布。实验当天，他西装革履，右手猛力挥舞着红布，左手则拿着电流控制器。

在几天之前，他就已经和助手们来到了这个小农庄，将无线遥控电极植入公牛的大脑里，他相信凭借自己的办法，能够让暴躁的公牛冷静下来。

公牛被红布所刺激，朝着披着红披风的德尔加多教授冲过来，就在它越奔越近的时候，德尔加多教授迅速脱下红披风，左手则按下了电流控制器。

奇迹发生了——电流接通了，一毫安的电流穿过公牛的大脑，愤怒的公牛止住了脚步，顺从地离开了。

德尔加多教授的朋友们都被这一幕折服了，他们为教授的勇敢和实验的成功而鼓掌。但同时目睹这一幕的西班牙报纸界的记者们却不那么开心，第二天他们用大篇幅的文字报道了这个实验，标题是“遥控斗牛”“他们夺走了我们的斗牛士”等，内容也是对这个实验没什么好评。《纽约时报》后来也报道了这个实验，德尔加多教授说，自《纽约时报》报道后，他每天都能收到大量的来信，人们愤怒地指责德尔加多“控制了它们的大脑”。

后来，德尔加多教授从西班牙迁到了美国，担任耶鲁大学的教授，他的实验一直都没有停止。在耶鲁大学先进的实验设备支持下，他将电极植入公牛的大脑中，通过刺激使之产生特定的行为方式。他还运用同样的方式，使猴子打哈欠或者让猫保持进攻的态势。后来，他甚至像很多人所控诉的那样，控制羊痫风病人保持友好、侃侃而谈的状态。

德尔加多教授认为，对大脑进行电流的刺激是了解生物社会行为的钥匙，他同时也预言，用这样的方式，可以创建一个健康的心理文明社会。在这样的社会中，人们可以通过技术手法实现“更加幸福、更加平和、破坏力更少”的社会环境。

IN视角

在耶鲁大学的生活中，人们经常将德尔加多教授称为“发疯的科学家”或者“研究大脑的爱迪生”，因为他对于建立一个心理健康的文明社会有着执着的热情。他相信，人们通过对大脑的控制，能够将生活变得更加美好。他举例说，如果一次癫痫病的发病，能够通过计算机识别出来，进而得以避免，其实是对癫痫病人的保护。在他的实验之后，他研究的领域在一段时间内一直被人们忽略。直到2007年，有一位科学家重拾了他的实验精神，对一个昏迷了6年的病人使用了大脑电击，结果这个病人重新苏醒了过来，成为风靡一时的新闻。

实验51 隐身斗篷

快眼看实验

地点	中国
时间	2010～2013年
主持人	浙江大学陈红胜教授
目标	造出世界首件隐身斗篷
特点	可让任何物体在视线内“消失”
脱线指数	★★
可模仿指数	零（科学家说，理论通过了，可是没有超级材料。）

全实验再现

每个孩子从小都曾有过一个梦，那就是如果有一件神奇的斗篷，只要一披上，谁也看不到自己，那就可以隐身穿梭在人群中，甚至执行许多神秘的任务。

这个梦一做就是好多年，电影里哈利·波特的隐身斗篷，那枚戴在手指上就“消失”的魔戒，都是圆梦的过程。

全世界的科学家，都在这个领域执着地坚持着实验研究，就是希望有一天，可以真正实现这个儿时的梦。

在浙江大学的实验楼里，有两个房间几乎每天晚上都亮着灯直到深夜。陈红胜教授带着他的研究团队，已经在此奋战了三个月，他们和另一个系的工程师马云贵教授领导的小组打了一个“赌”，打算比比看谁能制造出类似“隐身斗篷”的物品。

陈红胜教授进行的实验，是借助一条鱼和几株水底植物，他将鱼和植物放进了一个鱼缸，里面还有个六边形奇怪造型的透明装置，鱼缸外有台摄影机负责拍摄实验的过程。小鱼在鱼缸里悠闲地游动，可是5分钟过去了，小鱼始终没有靠近鱼缸中心那个六边形的装置，实验人员似乎觉得很奇怪，却也是干着急没办法。到8分钟时，小鱼终于游向了那个六边形的透明装置，就在这时，神奇的一幕发生了！摄影机里的小鱼竟然突然消失了踪影，只有那个诡异的六边形装置和微微摆动的水底植物，又过了大概30秒左右，实验人员突然看到小鱼探出了头，然后从那个六边形透明装置边缘游了出来。

这一幕让陈红胜教授喜形于色，他终于成功了！随后，他还尝试了猫、小白鼠等小动物，那个神奇的六边形透明装置，真正实现了“隐身”的效果。

但另一组参与“赌”的研究团队特别淡定，他们紧随其后发表了自己的实验结果，与陈红胜教授的“隐身”装置不同，他们所设计出的是可以避免被金属传感器或是热传感器检测到的装置，尽管只有火柴盒的大小，但马云贵已经通过实验验证，火柴盒内若有物品，用热感应和金属感应，外人压根儿就发现不了其中的玄机。

马云贵说他的技术若可以扩大应用范围，则可以被军方所用，比如类似庞德一样的特务人员，他们再也不用费心思考是否会被摄影机检测到导致警铃大作了。同样，如果是应用在飞机上，尤其是战机上，可以摆脱热导弹传感器的追踪，在战场上，争取一秒钟都是可以逆转战局的。

尽管各位教授专家用实际行动告诉大家，“隐身斗篷”这个理念是绝对有机会实现的，但问题在于，目前制造出的都是小装置而已，如果要实现那个真实的梦，简直是太难了。

IN 视角

在国外纷纷研究最新超级材料时，中国科学家兴奋地宣布，中国设计的“隐身斗篷”理论上是没有问题的！但是，目前没有实现这一理论的超级材料，所以无法进行生产，估计还得数十年后才有希望。

实验52 神奇的超级材料

快眼看实验

地点	英国曼彻斯特大学
时间	2004年
主持人	物理学家安德烈·杰姆和克斯特亚·诺沃塞洛夫
目标	石墨烯的应用
特点	世界上最硬却也是最软的材料
脱线指数	★
可模仿指数	★★★★（尽管实验过程比较高科技，但这种探索未知的精神希望大家都能拥有。）

全实验再现

近年来，智能电子设备领域的花样层出不穷，乔布斯啃了一口的苹果，让全世界都为之疯狂，为多少家中怨妇带来了新的曙光，因为用“苹果”的男人们每天夜里都必须回家充电。无论是外形、设计、屏幕还是触感，都让人们对智能手机有了新的认知。相较之下，热门了那么多年的老大哥诺基亚，突然就在苹果和三星的战争中销声匿迹了。

过去的时代，诺基亚是时尚的代名词。如今，只有人们在不小心摔裂了苹果或三星的屏幕时，才会在那一刻缅怀一下诺基亚的抗摔能力。

乔布斯过世之后，苹果的股价瞬间就跌了，iPhone 5C的出现，简直就是直接打了苹果一巴掌，也直接将市场大开门户，拱手相让给了三星。韩国的三星异军突起，快速占领了智能手机的市场，并且不断挑战极限。

对于智能手机的将来，苹果、三星和隐匿的诺基亚都盯上了一种材料，谁能用最快速度把这种材料收为己用，谁就是下一个电子时代的老大。这个人人争抢的材料，叫作“石墨烯”。这是一种比钢材更强韧，比塑料更柔软，但电传导功能比金属还好的新型材料，也是世界上已知的最坚硬、最柔软、最薄的奈米材料，差不多是透明的，肉眼几乎无法察觉。

2004年，英国曼彻斯特大学的两位物理学家安德烈·杰姆和克斯特亚·诺沃塞洛夫，将石墨烯搬到了实验室，他们的实验方法非常简单，就是不断地重复将石墨一分为二，剥离出更薄的石墨片，这个动作重复到最后，得到了仅有一层碳原子结构的薄片——石墨烯。而这个操作异常简单的实验，仅仅因为石墨烯的出现而让两人在2010年共同获得了诺贝尔物理学奖。

石墨烯问世的消息，对已经没有新花样的智能手机来说，简直就是量身定制的天籁之音，各大手机生产商都在大量收购石墨烯。根据科学家的统计数据，全球移动电子设备的销量在2016年已达到8470亿美金，而未来的五年，世界还将会生产价值190亿美金的便携电子设备，这些都直接表明，在未来电子设备市场中，拔得头筹的关键在于谁能掌握石墨烯的开发技术。

IN 视角

石墨烯的特殊性让我们了解到，它既是世界上最硬的材料也是世界上最软的材料之一，而且它的稀有性意味着量产的可能性极低，目前也只是处于初级开发阶段，用于电子设备当中。希望将来的某一天，科学家会借此启发人们创造出更多神奇的东西。

实验53 谍战中的“战斗机”

快眼看实验

地点	美国
时间	2013年
主持人	军火商洛克希德·马丁公司
目标	研发新型间谍产品
特点	间谍最佳的必备物品
脱线指数	★★★
可模仿指数	★★★★（从此再也不敢在周围有石块的地方随意言谈。）

全实验再现

弗兰克拉低了帽檐，从政府大楼前走过，隐入了一旁的小巷，五分钟后又从小巷另一侧出来，在广场和公园绕了一圈后，回到了政府大楼对面的酒店。打开房间的门，他从皮箱中拿出一堆电子设备，十分钟后，显示屏幕、监听器、操控计算机等一系列监控设备开始了运作，画面中赫然是政府大楼的各个角落，尤其是议员的办公室，几乎是360°无死角的监控。

弗兰克是名特工，既要做监控的工作，还得干着间谍的工作，他最欣赏的就是007庞德。因此，自从他成为一名特工，就在时刻模仿着庞德，穿着优雅的燕尾服，魅惑地抽着雪茄，他相信有一天，自己也能成为像庞德一样有名的特工。

弗兰克最近的任务就是监控议员的一切举动，因为邻国一项重要的议案需要议员的通过，而弗兰克正在监视的，正是其中可以发挥决定作用的角色。在行动之前，弗兰克不能轻举妄动，只能进行24小时的监控。他花了一周的时间在政府大楼附近观察，摸清了那里的作息时间和换班的几组保安，同时也在一直思索究竟用什么样的监控设备，才能完美实现任务的要求。

传统的监控器材肯定是难以进入大楼的，议员办公室每天都有保安检查是否有监控设备。所以这个任务选择的监控设备必须是最不引人注意，也不像监控器材的东西。为此，弗兰克有点着急，就向特工组长请教有什么好用的监控产品推荐，特工组长告诉弗兰克，最近美国军火商洛克希德·马丁公司宣称研发出了一种最新型的间谍产品SPAN，尺寸非常小，而且是自己供电的WIFI系统，内有传感器可以自行启动，一旦触发的话，就可以进行多层面的监视，最神奇的是，这种SPAN竟然可以安装在石块里。

弗兰克半信半疑地买了一批“石块监控器”，然后悄悄将“石块”放进了议员办公室的花盆里。当弗兰克离开政府大楼转进小巷的时候，“石块”已经自行打开了摄像功能，进行多角度24小时监视。

这种新型的间谍产品，就是洛克希德·马丁公司进行秘密军事实验所研发的产品。他们其实更希望这类产品可以用于对无人地带的监控，毕竟人们不可能经常出现在无人区，而一堆石头扔在那里，也是见怪不怪的。最可贵的是，这种新型的间谍产品价格并不高，这让马丁公司瞬间就赚了个盆满钵满。

IN 视角

这款产品的面世，对想要保护自己隐私的人们来说或许是个噩梦，但对于具有高度政治前瞻眼光的国家和政府来说，这将是最可怕的秘密武器。

实验54 伴你喜忧的内衣

快眼看实验

地点	美国微软公司
时间	2013年
主持人	玛丽·切尔文斯基
目标	感应心情并帮助调节饮食的胸罩
特点	内衣的潜在功能
脱线指数	★★★★
可模仿指数	★★★★（疗愈系内衣，从此迎接火辣身材和愉悦心情。）

全实验再现

劳伦揉了揉肚皮，终于放下了刀叉，打算靠着椅背休息片刻，接着揉了揉红肿的眼睛，又涌起了想要吃点甜食的冲动，无奈肚子实在已经装不下，只得作罢。

劳伦今年35岁，是一名百货公司的管理者，她生活过得还算逍遥，唯一让她觉得遗憾的就是，至今也没有一段发展稳定、可以让她走向婚姻殿堂的感情。

两个月前，经朋友的介绍，劳伦与哈瑞共进了晚餐。席间，哈瑞略带腼腆却透着些精明的眼神瞬间吸引了劳伦。好吧，她承认自己是典型的外貌协会成员，而哈瑞的确看起来是无可挑剔的。那天的晚餐两人聊得非常投缘，又接着去了酒吧继续边喝边聊，劳伦心想，哈瑞一定就是上帝派来结束她单身生活的使者，不知不觉就喝多了。

过了许久，劳伦迷迷糊糊地醒来，头痛异常，睁开眼发现自己已经处在一个陌生的房间。她一下子惊醒，看到身边同样裸身的哈瑞，还有房间里散落一地的衣服，那感觉实在有点奇怪，既兴奋又失落。毕竟，这是她期望可以共度一生的男人，而这一切发生得太快了。

待哈瑞醒来，劳伦有点困窘地递上一杯水，说要去上班了，哈瑞见状给了劳伦一个温存的吻，直吻得她心头乱颤。

自那天过后，哈瑞就搬进了劳伦的公寓，两人开始了甜蜜的爱情生活。

可是就在一周前，劳伦发现了哈瑞的账单，他竟然负债累累。而与此同时，劳伦还发现了哈瑞背着自己与另一名女子欢爱的痕迹，竟然还是在自己的床上。

两人大吵一架，哈瑞收拾了行李，毅然决然地离去。

那之后的一周，劳伦都不知道自己是怎么过的，每天浑浑噩噩如同行尸走肉，从早到晚不停地吃东西，尤其是甜食，简直就是欲罢不能。唯有吃东西的时候，似乎才能忘记哈瑞带给自己的那些伤感的回忆。

短短一周的时间，劳伦胖了整整20斤，那个曾经窈窕性感的女人变得肥胖起来，身边的朋友劝来劝去也没有作用。

劳伦也意识到了自己的问题，她去找了私人心理医生，医生建议劳伦与他的一位微软的朋友联系，据说有款新型产品，可以帮助劳伦恢复正常的生活。微软的研究员玛丽·切尔文斯基给了劳伦一件普通的内衣，同时给劳伦的手机安装了一个程序，并告知劳伦尽量每天都穿着这件内衣，而且内衣中有个小小的传感器，需要每4小时更换一次电池。

劳伦按照要求每天穿着内衣，手机也时刻在收集她的心情记录以及饮食数据，并保持每两天与研究员会面。每当劳伦因为心情不好而开始大吃特吃时，手机就会响起类似闹铃般的警报声，提醒劳伦要平静下来，直到她调整好心情，放弃多余的食物，警报声才会停止。

玛丽·切尔文斯基说："很多女性的过度饮食都是由情绪引起的，所以我们想到用这样一件女性每天必须穿的内衣作为我们测试其情绪和饮食变化的仪器，这个工具非常有效。当然，我们也想过为男性设计一款，但目前还没有真正开始进行研发。"

IN 视角

对自我要求高的广大女性朋友们来说，这简直就是本世纪的最佳福音。内衣不再只是裹束的对象，或是诱惑男人的道具，而是经过科学之手摇身一变成为真正与女性的内心感受共起伏，还能督促形成健康良好饮食习惯的好帮手。女性不仅可以保持火辣身材，更可以有个贴心小知己，而且是永不会背叛的那种。简直就是超级疗愈、居家旅行必备良品！

实验55 快乐奔跑的机器人

快眼看实验

地点	美国
时间	2006年
主持人	科学家霍德·利普森、维克托·济科夫、乔希·邦加德
目标	能自我修复的智能机器人
特点	损坏后能进行自我修复，继续未完的工作
脱线指数	★★
可模仿指数	★（机器人可以做很多事，但自我修复已经有了“思维”的部分，绝对是个巨大的挑战。）

全实验再现

威尔和伊夫林是一对幸福的夫妻，对于计算机领域的深入研究，尤其是人工智能领域的研究，首屈一指，他们最好的朋友马克斯，也是与他们共同进行科研的伙伴。威尔研究出了具有感知和自我意识的机器人，这个倍具争议的实验，让威尔一举成名，也引发了反科技人士的关注。

在威尔被杀后，思夫心切的伊夫林将其与智能机器人连接，并获得了具有威尔意识的智能机器人，最终，伊夫林在马克斯的帮助下终结了一切，而机器人在最后一刻终于显现出爱的情感。

这是电影《全面进化》中的场景，也是影视工作者们在若干进行人工智能的探索中的一个展现。从早时期的《终结者》到《疑犯追踪》，剧本作家和导演们无一不在思索当人工智能发展到最后的阶段，人类将会面对怎样的结局，究竟是人与机器并存，实现和谐发展，还是机器终将取代人类？

当然，艺术领域的探讨充满了想象的空间，也可以毫无保留地展现，但在实际生活中，想要制造出真正具有自我“意识”的人工智能机器人，绝不是一件简单的事情。

迄今为止，绝大多数的机器人，只是应用在相对稳定的环境中，而且工作内容也非常简单机械。因为一旦将机器人放在室外工作，那么一定会面临一个困境，那就是机器人很容易被损坏，一旦损坏，任务就必须终止，无法继续。

为了解决机器人对于环境的适应能力，科学家们进行了各式各样的实验，其中也包括利普森、济科夫和邦加德，他们在无数失败的实验之后，终于研发出一种能够在损坏后进行自我修复的智能机器人。

大多数的机器人，都是需要按照程序师事先设定好的程序执行任务，而智能机器人的工作原理则是先感应，并且自行分析组成自己的各个部件的功能，然后再根据具体的反应，来自行制定相应的行动程序。当环境发生变化时，机器人可以进行相应地调整，从而使行动程序也产生变化，而若是自身的某个部位受到损伤，机器人也可以立刻准确地感知到，并且迅速设计出一种新的应对行动程序。

利普森为机器人设定奔跑的行动程序，观察其正常情况下的奔跑速度为每秒钟26厘米，然后他们截掉一段机器人的“前腿”，观察机器人的行动。他发现，一开始也出现了混乱的场景，机器人的奔跑速度瞬间下降为每秒钟8厘米。在奔跑过程中，明显受损的机器人不断调整自己的姿势，直到20分钟后，它似乎终于发现了一种新的跑法，又将速度提升至每秒钟20厘米。虽然看起来有点诡异，但它依然快乐地奔跑着。

所以在实验过程中，虽然看起来机器人是几条腿同时走路的状态，但实际上机器人并不认为自己是几条腿的生物，在它的理解当中，自己既可以像树一样站立行走，也可以像蛇一样游动，一切取决于它自己的计算，它会自行选用最省力省时的姿势。

IN 视角

假如机器人在损坏后有能力进行自我修复，诚然为人类解决了许多麻烦，但这种能力也是机器人萌生“意识”的开始。这种意识的产生，究竟是好事还是坏事，恐怕谁也说不清楚，谁也不能担保会不会有一天真的出现《终结者》中无法挽回的灾难。还好，目前实验研发出的机器人实际上还是非常呆萌的。

实验56 拥有三个父母亲的婴儿

快眼看实验

地点	英国纽卡斯尔大学
时间	2015年
主持人	埃里森·默多克
目标	改变疾病遗传基因
特点	有三个父母亲的婴儿
脱线指数	★★★
可模仿指数	★★★★（该实验一旦成功，将会在全世界大规模复制。）

全实验再现

2013年，英国卫生部首席医务官达姆·萨利·戴维斯极力推动英国政府通过一项法案，这在英国乃至全球医学界都引起了轩然大波。因为这项法案一旦通过，那么世界上将会出现拥有三个父母亲的婴儿。这项法案，就是基因疗法。

每年因为遗传基因缺陷夭折的婴儿数量庞大，他们之中的大部分，往往在出生后几个小时内就不幸夭折。在英国，每6500个婴儿当中，就有一个线粒体DNA存在严重缺陷。这种缺陷会导致大约50种遗传疾病，而这些遗传疾病目前尚属不治之症，这使得很多携带有缺陷线粒体的女性，不得不放弃生育的权利。

而基因疗法针对的正是有遗传基因缺陷的母亲。这项技术能把母亲卵子中的缺陷DNA和提供者的DNA进行替换，来自母体的遗传基因的“生殖细胞系”会被改变，健康的线粒体将被保留，最终母体会产下一个健康的婴儿。

早在2010年，英国纽卡斯尔大学不育不孕中心就已经成功地培育出数十个经过基因治疗的人类胚胎。在埃里森·默多克教授的指导下，研究人员将健康女性捐献的卵子通过试管受精技术受精，在培育出的胚胎成长几个小时之后，研究人员从精子和卵子中移除细胞核DNA或基因，同时留下健康的线粒体。接着，研究人员再将未来母亲的卵子与配偶的精子及移除的细胞核DNA结合，注入捐赠者的卵子中，最终获得了一颗健康的受精卵。

埃里森·默多克教授说，通过这种方法培育的卵子中，遗传物质绝大部分来自亲生父母，而线粒体也是健康的。达姆·萨利·戴维斯也表示，基因替换没有涉及决定个体构成的基础基因，如外貌和眼睛颜色，因此，并不存在道德上的问题。

然而，这项法案的推进遭到了现实的阻力，最大的阻力来自伦理上的争议。对人类胚胎生殖细胞系的修改至今还是医学研究领域的禁区之一。不少人认为，这一技术一旦被允许，将会逐渐失控，并导致克隆人的出现。

而另一种阻力是由于科学界对相关技术尚不成熟。实际上，从1990年开始，科学家就已经开始着手对有遗传缺陷的婴儿进行基因治疗，但成果并不令人满意，此前出现过因基因疗法启动了致癌细胞，导致被治疗婴儿患上白血病，以及在基因治疗过程中，发生事故导致患者死亡的案例，这令很多人担心基因疗法的安全性和成功率。

正因为如此，基因治疗法案的通过，遭受到了重重阻力，至今仍然是争议极大的话题之一。

基因疗法究竟值不值得推广？也许患者的声音才是我们最该倾听的。

线粒体疾病遗传基因携带者莎伦·贝纳蒂说："如果科学家和医生将来能够避免这种悲剧重演，虽然对我来说是太迟了，但对广大线粒体疾病患者而言，无疑是福音。"

IN 视角

虽然达姆·萨利·戴维斯表示，他的研究不会引起道德方面的问题，但人们对于有三个父母亲的婴儿还是持怀疑态度。当这些婴儿长大后，面对长久以来父母亲只有两人的社会传统，会有什么样的心理变化呢？如果这三个父母亲之间，发生婴儿"抢夺"抚养权的问题，法律又该站到哪一边？

实验57

喝不醉的啤酒

快眼看实验

地点	澳大利亚
时间	2013年8月
主持人	本·迪思博文（Ben Desbrow）
目标	不会宿醉的啤酒
特点	全世界饮酒者的福音
脱线指数	★
可模仿指数	★★★★（无须模仿，只要等待这款啤酒上市即可。）

全实验再现

口干舌燥、头痛、胃部不适、恶心、头晕、脱水，所有难受的感觉呼啸而至，你整个身体已经不受控制。但是就在仅仅几个小时之前，你还在尽情享受着美酒。一下子从天堂落入地狱，于是你发誓，再也不要放纵自己。

但是没几天之后，你还是无法抵挡酒精带给你的一切。朋友聚会、公司应酬，种种不可拒绝的因素，让你再次硬着头皮和酒精抗争，但毫无疑问的，你将再一次成为它的手下败将。于是你在心中高喊，请给我一瓶不会喝醉的啤酒！

恭喜你，现在你的愿望达成了，因为不会令人宿醉的啤酒已经成为现实。澳大利亚格里菲斯大学健康研究所的本·迪思博文教授和他的团队，已经找到了喝酒不会醉的秘诀。

要解决喝酒不会醉的问题，首先要弄明白宿醉的原因。宿醉一直是困扰酒徒的最大问题，调查显示，75%的饮酒者都经历过宿醉，而导致宿醉的酒精饮用量，从一杯啤酒到上千毫升都有，也就是说，宿醉这个问题，并不会因为你饮酒的数量很少而避免。当然，一般而言，饮酒越多，宿醉就越严重。不过现在，虽然宿醉某些症状的起因尚未完全揭晓，但科学家们已经找到了宿醉的主要原因——脱水。

饮酒之后，酒精进入血液，就会导致大脑中的脑下垂体抑制后叶加压素的生成。缺少后叶加压素，将会使人体无法吸收水分，而是将饮用下的水通过肾脏直接输送到膀胱，并排出体外。研究同时表示，人体在摄入250毫升的酒精饮料后，会排出800到1000毫升的水。这就是说，饮酒之后，人体流失的水分相当于摄入水分的4倍。严重的脱水导致水分、盐和钾的缺失，使人肌肉酸痛、疲倦、协调性差，大脑收缩并产生疼痛感。

为了解决脱水的问题，本·迪思博文教授找到了一个补充水分的最佳选择——电解质。他稍稍改变了啤酒的配方，成功地将大量电解质成分加入啤酒中。电解质含有钠离子、钾离子、镁离子、氯离子等成分，能够迅速为人体补充水分、葡萄糖和钾等成分，大大缓解饮酒导致的脱水，也就不再会产生宿醉这样令人烦恼的后遗症了。

而更令人期待的是，本·迪思博文教授的研究即将变成现实，喝不醉的啤酒将不再是一个传说，而是饮酒者杯中最好的安慰。只不过，千万别让它成为你贪杯的理由哦！

IN 视角

寻求宿醉的人，除了是贪杯者之外，还有失恋、事业不顺者。如果不会宿醉的啤酒上市之后，这些人们会不会又怀念宿醉的感觉呢？另外，人们对于本·迪思博文教授的实验成果还抱有怀疑态度：增加电解质的啤酒是什么味道呢？会不会没有原来的好喝呢？这些问题，也只能等到啤酒上市之后经过市场的考验才会有答案了。

实验58

机器人也可以有感觉

快眼看实验

地点	美国加利福尼亚大学伯克利分校
时间	2003年
主持人	阿里·贾维尼
目标	制造出以假乱真的机器人皮肤
特点	机器人也有感觉!
脱线指数	★★★★
可模仿指数	★(高科技新研究成果“非专勿扰”。)

全实验再现

我们在很多电视、电影甚至文学作品中都曾看到过机器人的角色，这些机器人拥有与真人一样的外形、身高、毛发、肌肤，而且，它们的头、颈、腰、臂、手等身体主要部分均能如真人一样摆出多种姿势和动作。

它们能代替人类做简单的工作，比如医院里的服务台、旅游景区的导游等，在部分文艺作品中，机器人甚至能产生情感，和人类谈起恋爱，除了无法生育子女外，其余都和真人无异。

文艺工作者的这些天马行空的幻想，给科学家们带来了实验灵感。加利福尼亚大学伯克利分校的阿里·贾维尼教授，在看完一部机器人和真人发生恋爱故事的作品后，突发奇想对自己的助手说，他要制作出超级仿真的机器人。

他的助手不以为意，实际上，仿真机器人已经有很多科学家在研究，但他们几乎都卡在了一个问题上：如何将机器人做得更加人性化？其中最重要的一个环节就是皮肤问题。

机器人是否能做到完全逼真，很大程度上取决于皮肤的制作手感。在手感达到要求之后，机器人的皮肤是否可以如人手般感觉到外来触感，也是需要解决的问题。

阿里·贾维尼教授经过成千上万次的实验，终于研究出了一种电子传感器。这种微型仪器可以嵌入电子皮肤中模拟触碰反应。接触到电子皮肤时，皮肤表面的LED灯会亮起来，同时给出相应的反应。

阿里·贾维尼教授在接受采访时说：这项科技可以做成智能绷带，用于监控重要器官，也可以做成交互式墙纸，或者应用到机器人身上。

当然，应用到墙纸和机器人身上的电子皮肤完全不同，如果想要仿真机器人像真人一样打字、画画、打球，或者是做更精细的动作，就必须使用到更庞大的一个矩阵排列压力传感器的设备。根据压力的分布来点亮LED，原理和平常使用的智能机屏幕类似，不同的是，这个电子皮肤非常柔软，像极了人类的皮肤。

阿里·贾维尼教授在采访中向记者透露了电子皮肤的制造程序：研究人员在硅晶元表面铺上一层聚合物，用标准半导体制造工艺分层插进晶体管、OLED和压力传感器，最后揭开表面的聚合物，“赤裸裸”的电子皮肤就造好了。

这个电子皮肤触觉敏感，反应时间只有一毫秒。这样的皮肤制造工艺复杂，成本会相对高，但好处是可以用到现有的制造生产线，所以今后这种皮肤的商业化成本可以降低。

下一步，阿里·贾维尼教授将带领他的团队给电子皮肤加上对温度、亮度的感应，试图将仿真进行到底。

IN 视角

有不少“充气娃娃”的爱好者们在了解了阿里·贾维尼教授的这个研究成果后，纷纷表示，如果阿里·贾维尼教授的这个成果能大量生产，他们一定会购买。因为这样一来，他们就拥有了和真人一般的“女/男朋友”，它们不仅能摸起来像是真人，还能和真人一样有“感觉”，当然，也比真人更好“沟通”。虽然，一方面，充气娃娃爱好者对这个研究表现得无比兴奋和喜悦，另一方面，与此相对的社会学家们却表示了担忧，如果这一天真的到来，人与人之间的交往会不会更具挑战呢？也许到那时，人人都可以抱着机器人过日子，完全不需要真实的另一半了。

实验59 吃药就能瘦

快眼看实验

地点	法国巴斯德研究所
时间	2013年
主持人	托马斯·柏瑞思
目标	研究出能帮助残疾人或不方便运动的人也能享受运动的化合物
特点	减肥者福音！
脱线指数	★
可模仿指数	★★★（静候化合物上市就好了。）

全实验再现

20岁的雪莉是一个肥胖症患者，每天对着自己的身材愁眉不展，她内心最大的痛就是吃得少，肉长得多，为此，她甚至想过轻生。

她和好友聊起这件事，好友告诉了她一个好消息。

雪莉的好友是法国巴斯德研究所的初级研究员，自几年前，她和自己的顶头上司托马斯·柏瑞思教授谈起过雪莉的状况后，托马斯就对这一情况给予了高度的关注。社会上像雪莉这种想减肥却无从下手的人太多了，他从那时起，就想研究出一种能不用运动也能产生运动效果的化合物来帮助他们。这种化合物能帮助那些身有残疾，或因为各种原因不能运动的人，让他们能充分享受到运动的乐趣。

在研究这种化合物之前，托马斯·柏瑞思教授得出一项研究结果，即人体的肌肉中含有一种称为REV-ERB的蛋白质，它是主管新陈代谢功能的。

有了这个研究基础，托马斯·柏瑞思教授和同事们研究出一种人们不用运动就能给人带来运动效果的药。这种药能影响REV-ERB的蛋白质水平，促进人体的新陈代谢速度，使胆固醇水平正常化，并维持良好的睡眠质量。

不久之后，《纽约时报》对这项药品的实验进行了报道，报道中称，研究者们发现，当这种化合物被注入肥胖的小白鼠体内，小白鼠会瘦下来，甚至那些进行高脂饮食的小白鼠也是如此。比起没接受注射的小白鼠，被注射的小白鼠在一天中会消耗更多的能量。

这个实验结果充分证明了研究者的初衷——这种化合物在小白鼠的肌肉里进行了“看不见”的运动，促进了它的新陈代谢。虽然托马斯·柏瑞思教授和他的同事们都知道，常规有氧活动的象征之一是它增加了线粒体的活动和数量，线粒体细胞结构在肌肉里消耗氧产生能量。但在《纽约时报》报导这项实验时，他们还不知道自己研究出来的化合物是如何对肌肉产生作用的。

为了攻克这项难题，托马斯·柏瑞思教授带领同事们对一组肌细胞蛋白质含量低的小白鼠做了实验。这些小白鼠肌肉里的线粒体数量很少，因此，它们的承受力降低，氧容量最大值比正常水平低60%，处于精力衰竭状态。

当托马斯·柏瑞思教授把化合物注入体力不足的小白鼠的肌细胞，奇迹产生了，“不运动”组小白鼠们的细胞开始产生更多的REV-ERB，并促进形成大量的新线粒体。

这个过程就是常规有氧活动的过程，换句话说，这种化合物注入生物体后，模拟了运动的过程。

可以预见，这种化合物一旦上市，完全能够帮助那些肥胖症患者、残疾或不能运动的人享受到运动的快乐和成效。

IN视角

理想是美好的，现实却是骨感的。托马斯·柏瑞思教授在小白鼠身上的实验算是成功了，但通常情况下，实验的对象从其他生物再转到人类，也有许多可能会产生不同的结果。托马斯·柏瑞思教授的研究究竟能不能帮到故事中类似雪莉的人，还需要时间的检验。

实验60 保存三年还能吃的比萨

快眼看实验

地点	美国马萨诸塞州，负责美军设备研发和服装的美国军事实验室
时间	2013年
主持人	米歇尔·理查德森
目标	研发出能在战场上长久保存的比萨
特点	超越极限，让面团在不腐的道路上长奔三年
脱线指数	★★
可模仿指数	★（食物还是吃新鲜的好！）

全实验再现

压缩饼干自150多年前被发明出来，一直凭借其质地香酥脆、不容易吸水变软、适宜长期保管和运输等特点，被军方作为头号储藏食品。

然而，再美味的食物也禁不起天长日久地食用，现代的美国大兵们已经开始厌倦吃压缩饼干了。他们向军需部反映，说他们想要在战场上食用一些不一样的食物。而美国的军需部也对大兵们的这一要求高度重视，对他们最想吃的食物做了民意调查，发现最受欢迎的食物是比萨。

位于美国马萨诸塞州、负责美军设备研发和服装的美国军事实验室的负责人米歇尔·理查德森教授，收到大兵们的调查表后却开始发愁。比萨是美国人挚爱的食物之一，如果能提供给大兵们，必然会让他们在饥寒交迫的时候增加士气。但比萨不易保存，如何将它做成像压缩饼干那样能长久保存的食物，就变成了亟待解决的难题。

比萨之所以会变成米歇尔·理查德森教授的一大难题，是因为比萨放置一段时间后，上面的西红柿酱、奶酪和其他的配料就会和面团混在一起，只要一受潮就会导致比萨发霉，滋生细菌。

经过不断的研究后，米歇尔·理查德森教授终于找到了防止水分转移的方法，就是里面加入用糖、盐和糖浆制作的保湿剂，以此来防止水分流进面团里。

但是，这样仅仅能让比萨的保存期延长，却不能达到军需部下达的“在30℃的温度下保鲜三年”的要求。调整酱汁、奶酪和面团的酸度，可以使细菌难以在空气中生长。但包装比萨的塑料袋中会有空气，只要接触空气，比萨还是会变质。

米歇尔冥思苦想这个问题的解决方法，就连下班后的时间都不放过。

终于，在一个漆黑的夜晚，和阿基米德当年发现浮力定律一样，他泡在浴缸中，想到了除去塑料袋中空气的办法。

第二天回到实验室，米歇尔·理查德森教授将一些铁屑放入盛装着比萨的包装中，铁屑果然和他设想的一样，吸收了包装里存在的空气。

经过实验，这种新包装的比萨，完全能做到在30℃的温度下保鲜三年。

实验室同样邀请了很多家庭主妇来品尝这种比萨，她们试吃后对这种比萨赞不绝口，其中一名叫作吉尔的家庭主妇说，她负责品尝的辣味香肠口味比萨和她在家做的味道一样，唯一不同的是，家里做的比萨是热的，而实验室出来的比萨是冷的。

IN 视角

关于比萨的产生，还有一个有趣的小故事。

相传在很久很久以前，意大利的一位母亲为食物而发愁。她的家中只剩下了一些面粉，但她想让小儿子吃得更健康。好心的邻居得知情况后，送来一些西红柿与奶酪。之后，这位母亲就用这些材料与面粉烤制了一张饼给儿子吃，味道竟出乎意料地好，她的小儿子非常爱吃。这位母亲将自己的烹饪方法推广开来，就逐渐演变成了今天我们见到的比萨。

实验61 只要心在跳，手机就有电

快眼看实验

地点	英国
时间	2007年
主持人	毕比
目标	利用周围震动产生电力的迷你发电机
特点	用心跳来为手机充电
脱线指数	★
可模仿指数	★★★★（人们再也不用为了回家充电，而放弃夜生活的乐趣了。）

全实验再现

每当最新的iPhone手机发布，人们总能看到人流簇拥在苹果专卖店门口排着长队疯狂购买的身影，然而，所有人常常在买回去使用一段时间后，发现自己给自己挖了个坑，把自己放在了一个尴尬的境地——每天都必须按时回家，不能再随心所欲地享受与朋友在一起的乐趣，因为，手机没电了！

一个没电的iPhone还能做什么？除了耍帅，几乎失去了一切意义。所以有人这样说，新一代智能手机的较量不再是软件的更新和设置，而是谁能解决充电的尴尬问题，谁就能拥有最稳定的市场。

试想一下，当和朋友一起聚会时，所有人都在身旁放着一个移动电源和手机，还有人不停地问服务员哪里可以插充电器的时候，你悠然自信地疯狂玩着游戏，一定非常畅快。别人跑来问你："嗨！你的手机待机时间好像很长，一直玩游戏不怕没电吗？"你抬起头，微微一笑，淡淡地说："我有随身的充电器，只要心在跳，手机就可以随心所欲地用下去。"

以上所述并不是广告推销，你不用为了给手机充电急着回家，手机随时随地保持电量也不再只是梦里的情形。英国的科学家已经研发出了可以用心跳来充电的迷你发电机，可以将心脏、肺隔膜等器官的持续震动作为能量来源充入与之相连接的电子设备中。这种迷你发电机是由锆钛酸铅奈米带构成，安装在具有生物兼容性的塑料片里，同时还有一个超小的蓄电池和能够转化电信号的集成整流器，目前可以植入乳牛体内正常使用。

研究团队将这个设备植入乳牛的心脏，搜寻到电信号的手机就可以在充电状态下使用，而如果植入两套设备，电机的输出功率将会大幅增加。这项研究唯一复杂的地方在于，假如将该设备植入人体，人们还不了解会发生什么。人类可以完全自如地使用，还是有类似排斥反应的情况出现？科学家们希望在每一个人体器官上，都可以安装几个迷你发电机，这样就能真正提供足够的能量，来给一个人使用的电子设备进行充电。

最新的科技显示，将迷你发电装置植入人体内心脏位置，那么手机就变成了永动机，可是这样的结果不禁让人有点胆寒，若是心脏到处装满了连接电子设备的装置，还是鲜活的心脏吗？

科技的创新，永远是在为人们生活带来便利的同时，还带来很多新的思考。

IN 视角

事实上，科学家关于手机依靠心脏跳动进行充电的想法由来已久，迷你发电机并不是真的在使用心脏本身的能量，而是利用心跳的动能，因此，这个装置并不会影响心脏对人体的功能。难点在于植入人体的风险，倘若迷你发电系统能够像创可贴一样粘在皮肤上，然后通过感应获取能量为手机充电，那将是更为伟大的突破。

实验62 自己吃自己的章鱼

快眼看实验

地点	耶路撒冷希伯来大学
时间	2014年
主持人	盖伊·利维
目标	研究章鱼的爪子为何不会打结
特点	八只爪子都有独立的思维
脱线指数	★★
可模仿指数	★★（话说找到章鱼并不难，但在章鱼活着时切断它的爪子，实在是良心难安啊！）

全实验再现

盖伊·利维放着轻快的音乐，哼着小曲，从玻璃柜中取出麻醉剂，给水族箱里伴着音乐愉快舞动的章鱼注射了进去。三分钟后，章鱼的触手动作渐渐迟缓，漂在了水面上。利维戴上白色手套，用剪刀轻轻剪掉章鱼两侧的两只触手，然后坐在一旁，伴随着欢愉的旋律，静静等着章鱼清醒。

半小时过去了，章鱼完整的触手开始慢慢恢复了舞动，六只完整的触手在水中上下翻飞，就像舞动绸缎似的。清醒的章鱼似乎发现自己少了点什么，那两只光秃秃的触手也想舞动，却显得既滑稽又心酸。

等待中，利维的眼睛亮了起来，章鱼竟然把断掉的触手塞进了自己的嘴里，并且吃得津津有味，吃完后继续滑稽心酸地配合着愉快的音乐舞动。

利维是希伯来大学的生物研究人员，他在研究章鱼的时候，发现了非常有趣的现象。章鱼的触手是非常神奇的，八只触手似乎都有独立的“思维”，可以随意弯曲、拉伸和抓东西，却从来不会因此打结而将自己束缚起来。它的触手就算被切断了，也能以断臂形态存活一个小时，触手上全是吸盘，断臂也会诡异地自由行动。这是由于章鱼的皮肤会分泌一种物质，这种物质是可以被章鱼触手感应到然后避开的。这是个很有价值的发现，也为科学家研发类生物机器人提供了新的思路。

利维和其他研究人员又做了后续针对断臂的验证实验，将章鱼的四只触手都切断了，然后把切断的触手放在一起。根据观察发现，被切断的触手并不会去吸住或抓握彼此，也会特意避开表面涂有章鱼皮肤分泌物的塑料器皿，但会去抓住另一只特意被剥了皮的触手，这充分验证了章鱼皮肤的某种物质使得自己的触手可以避开自己其他触手的理论。

更有趣的是，在多次的实验当中，章鱼表现出了另一个略显诡异的特质，那就是相对于切断的触手来说，章鱼更倾向于将其他小伙伴的触手当作食物迅速吃掉，而对于自己的触手，则像是有感情似的，有时会快速地吃掉，有时会在附近游荡，不断摩擦自己被切断的触手，却并不吃掉，只有28%的章鱼会吃掉自己的触手，有95%的章鱼会吃掉其他小伙伴的触手。

这个结论，真不知是该说章鱼太有人情味，还是太过冷酷。

IN视角

章鱼的神奇触手，目前已经被应用在医学机械臂上，但究竟是什么物质和作用机理使得章鱼的触手不会打结，还需要进一步研究。

实验63 被控制的梦境

快眼看实验

地点	德国睡眠实验室
时间	2013年
主持人	不详
目标	控制自己的梦境
特点	似梦非梦，似醒非醒
脱线指数	★
可模仿指数	★（若要尝试，请在专业人员指导建议下执行，否则，电流过大造成痴呆，恕不负责。）

全实验再现

有科学研究表明，人的一生当中，至少1/3的时间都处于睡眠状态中。所以，如果你的寿命是90岁的话，那么恭喜你，你有30年都是睡过去的。每当人们计算这个数字的时候，都觉得各种焦虑情绪上身，本身就觉得时间不够用，想吃的、想玩的、想看的、想感受的，都来不及完成，竟然都被睡过去了。

碰上个嗜睡症的，可以料想，他大概一辈子有一半时间都与周公相会了。

如果人类可以控制自己的梦境，是否意味着，我们为自己努力增加了1/3的人生呢？

2010年，有一部电影红遍了全世界，一上映就创下了8.3亿美元票房的纪录，电影中莱昂纳多是一名造梦师，带领着自己的团队，游走在梦境与现实之间，专门从他人的潜意识当中盗取机密，同时也为了完成梦境，而创造一层又一层更为深入的梦境。

如果这一切有可能成为现实呢？

德国睡眠实验室的研究人员，找来了27名男女志愿者，让他们在实验室里待了几个晚上，每天睡觉时都用电线连接着头皮。

当参与者进入快速眼动睡眠的阶段时，研究人员会释放轻微的电流刺激其前额，这样可以促进其额颞皮层的神经活跃度，而额颞皮层恰恰负责的就是人们在快速眼动睡眠阶段的自我意识。结束电击后，研究人员会叫醒参与者，让他们描述自己刚才做梦的细节，有17%的参与者都能清楚描述自己刚才做梦的细节。

这只是个简单的实验，在梦境领域的探索逐渐有了更深的发展，哈佛大学医学院心理学教授巴雷特提出，每个人都有能力控制自己的梦，像《盗梦空间》里的“梦境孵化”一般的技巧，是完全可以在现实中应用的。

首先，你要准备一个特定的，既不常见，也不会见不到的物品，比如一张照片，一个特定的场所等；其次，你在任何时候看到这个特定的物品，就问自己一个问题“我是不是在做梦”，这个物品最好不要随身携带。

人的潜意识就像一座海里的冰山，海面下庞大的冰山，都被深深地藏在我们的意识底层。梦境就是通往那里的一条道路，若是经由不断的训练，能够让自己清醒地做梦，那我们就会更接近自己内心深处那些不为人知的部分，也会更加了解深层的自己。

IN 视角

曾有一个名为“蚂蚁大神”的网友沉迷于梦境，并钻研出一套控制梦境的系统理论，包括做梦的五个等级、进入梦境的七个方法、如何出体、如何控制梦境等详细的叙述分析。其中提到“清醒梦”，即在睡眠状态中保持意识的清醒。清醒梦应该是每个人都能体会到的感受，就像一个孩子出生时，意识和潜意识并没有隔得很远，随着年龄的增长、社会化的过程，意识和潜意识的距离越来越远，清醒梦的概率也就变得微乎其微了。

实验 64

钢铁人再现

快眼看实验

地点	美国
时间	2014年6月
主持人	美国陆军专家
目标	钢铁人套装
特点	向经典致敬
脱线指数	★★
可模仿指数	★（如果你有钢铁人的财力，不妨一试。）

全实验再现

军事卫星所用的金钛合金，响尾蛇飞弹、霰弹枪、散发式的小型导弹，方舟反应炉、红外线发射，当然还有必不可少的飞行能力，稳定续航，保证可以飞出大气层，如此酷炫的装备，当然只有财力和科技实力兼备的“史塔克工业”的负责人东尼·史塔克才能制造出来。

这位富甲天下的人，可是有整整四47套这样令人眼红心跳的钢铁盔甲哦！

当然，你会说，这么神奇的东西，只能出现在漫画里啦！不过，就像漫画中钢铁人的其中一套盔甲被好友吉姆·罗德斯带走，被美国军方改装成了新的装甲“战争机器”的剧情一样，现实生活中的美国军方，也早已经把“钢铁人”式的战斗套装列入了开发日程。只不过，他们依赖的并非钢铁人的超高能力，而是众多科研机构的集体智慧。

这款叫作TALOS（战略突击轻型战斗员套装）的系统，2012年才投入开发，除了美国军方外，还有56家公司、16家政府机构、13所大学和10所国家实验室参与合作。设计目标是计算机驱动，让士兵能负担重型装备、增强防弹能力并检测生命指标，包括高级护甲、战场态势感知、计算机指挥控制、能源管理系统和增强型机动外甲等部分。这个规模如此强大的研发团队，进展迅速。开发不到一年，TALOS 就在2013年的6月进行了前期测试，虽然只是测试了不接电的套装，对耐久性和运动舒适度进行测试，但这样的速度，让我们对在不久的将来就能见到钢铁人套装的真实版，抱有极大的期望。

美国陆军研发和工程司令部（RDECOM）发言人罗杰·蒂尔说，这种新式盔甲可能采用一种液态装甲材料，在电流或磁场的作用下，可瞬间转变为固态。它可以透过头部的显示屏，提供实时战场信息，同时，还能利用运动产生的能量为衣服供电。此外，这款战斗服将可以帮助士兵在战地导航和互相跟踪，并让士兵监控自己的健康情况和与指挥部保持联系。这种新式盔甲的使用，将使单兵作战能力进一步提高，最大限度减少军队的人员伤亡。

作为科技界的大热门，可穿戴设备代表着前端高科技的发展方向，但与之共同存在的，则是它在实用性上的存在价值不大。“解放双手，使科技隐于无形”的口号虽然吸引人，但对普通的消费者来说，一个可穿戴设备和一部智能手机相比，并没有太多的优势。但是现在，战斗员套装的研发，给可穿戴设备找到了最佳的应用场所，未来的战争，将因这种设备的大规模应用而彻底改变。

IN视角

当《钢铁人》电影上映时，那一身帅气的战甲就掳获了无数人的心。男人们幻想着自己有一天也可以拥有一套绚丽的战甲，女人们幻想着自己有一天能遇到一个穿着钢铁人战甲来接她的男人。所以，从艺术层面，这套战服已经获得了空前的成功；从现实层面，有了如此有效的广告宣传，当这套可穿戴设备真正投入使用时，又将掀起怎样的风潮呢？

实验65 重见光明

快眼看实验

地点	英国伦敦大学
时间	2013年
主持人	罗宾·艾力
目标	发现治疗失明的新方法
特点	由内而外的改变
脱线指数	★
可模仿指数	★★（奋斗吧！希望你也能掌握高明的技术，成为拯救黑暗世界的使者！）

全实验再现

杰米已经不再年轻，随着年龄的增长，他越来越觉得健康状况不如从前，尤其是自己的视力，从最早开始觉得双眼干涩，到视力越来越差，再到后来只剩下光感，现在甚至连光感都已经越来越淡了。这种慢慢从光明走向黑暗的过程让杰米非常恐慌和无助。

杰米曾经是个出色的建筑设计师，他所设计的作品获得过许多大奖。不知是不是年轻的时候太拼命，用眼过度导致老天用这样残忍的方式来惩罚自己。如今的杰米，早已离开了自己钟爱的设计领域，只能每日赋闲在家，出门到那些新建成的建筑附近走走，成了他每天必修课一般的爱好，似乎只有这样才能让杰米忆起他曾经的辉煌。

杰米的视力已经治疗六年了，医院始终没有针对他研究出一套适合的治疗方案，只是将他归为不可逆的眼底黄斑病变的案例，据说这是老年人失明的主要因素之一。但杰米今年刚刚35岁，正值事业上升的巅峰时期，他不知道，究竟是什么样的变化，才让他一下子从天堂坠入了地狱。

每周三是杰米照常去医院进行检查的时间，但随着时间的延长，他抱的希望越来越小，几乎已经接受了自己不可能再恢复视力的这一事实。但这个周三，当杰米去检查时，主治医生却告诉他一个特大的好消息，他有可能会恢复视力，重新看到这个世界的光明！

英国伦敦大学的罗宾·艾力教授带领自己的研究团队，在实验室培养出了与视觉密切相关的“感光细胞”，他们想要尝试将这些感光细胞移植进人类的眼睛，如果成功，或许就有机会让患者恢复视力。

当然，他们没有机会直接在人体上进行实验，毕竟各方的风险都还没有考虑那么周全，于是小白鼠又一次成为“幸运”的“志愿者”。艾力教授从年轻小白鼠的眼睛中，提取了健康的感光细胞，并将这些感光细胞移植进了一只失明的老年小白鼠的眼睛里，用胚胎干细胞方式和鸡尾酒疗法，让细胞可以成功附着在老年小白鼠的视网膜上。

经过一段时间的治疗和等待，那已经失明且行动迟缓的老年小白鼠，竟然在光线昏暗的游泳池里，找到了逃生的路并成功逃出，而和它同样身处游泳池底但没有经过治疗的小白鼠却始终只是在原地打转，不知道该逃往哪个方向。

艾力教授表示，“将感光细胞成功移植，在历史上还是第一次，我们离成功越来越近！只要再经过一系列的实验验证，相信再有五年左右的时间，我们就有希望给全世界失明的患者带来真正的光明！”

IN 视角

感光细胞移植的治疗方法，尽管目前仍处于动物实验的阶段，但我们相信，如果这种疗法可以真正成熟并应用在人类身上，将会为非常多的家庭带来光明和欢笑。

实验66 从此远离毒物

快眼看实验

地点	法国医学研究结构INSERM
时间	2013年
主持人	克里斯蒂安·莱韦克
目标	快速检测出低浓度的毒素
特点	科技改变生活
脱线指数	★★
可模仿指数	★★（危急时刻绝对是防御神器，但时效性目前还处于尴尬阶段，怕是检测出结果之时当事人已经死了。）

全实验再现

沈华今年26岁，在演艺圈，这个年龄其实已经不算年轻了，尤其是她出道将近10年，却还是半红不紫的三流演员，运气好时，只能在一部半死不活的戏里当个第二女主角，从来也没有机会当第一女主角。

她自己也找了很多原因，最后归结为：自己的太阳穴太扁了，有点凹陷，颧骨又有点高，眼角也比较窄，所以难以成功。

纠结许久，在看到身边一些二流演员从韩国回来后明显好运连连时，沈华就下决心要去整容。

确定了目标的沈华，就像刚刚得知自己拿到了一部戏的第一女主角一般兴奋，可是兴奋劲过去，冷静下来才意识到，对自己来说，实现这个目标似乎有点困难。原因在于，由于沈华一直以来游离在三线演员的边缘，过着饥一顿饱一顿的日子，但为了能吸引导演们的关注，而必须在衣着首饰上下足血本，所有这些更是让原本不安定的生活变得更加窘迫。

计算了去韩国整形的费用，连同往返的机票，加上治疗费用，那个数字对沈华来说，简直就是天文数字。沮丧之后，她只得退而求其次，开始关注国内的二流整形医院，所需要的费用，她咬咬牙还是可以扛住的，毕竟，这对自己来说，有可能是一个飞黄腾达的机会。

顺利完成了手术，想到那个看起来有点昏暗，拐了九曲十八弯才走到的整形医院，还是有点胆怯。

虽然那个看起来有点猥琐的医生，再三保证不会有问题，可是当第三天发现自己肿起的眼睛似乎没有消肿的迹象，反而颜色变得越来越深时，沈华还是产生了恐慌。

这次，沈华去了正规的医院，戴着大口罩、大墨镜偷偷摸摸地去做检查，当拿到的检查报告显示她是肉毒杆菌中毒，可能难以恢复时，她的心瞬间就碎了，自己梦寐以求的飞黄腾达的机会就此烟消云散。

世界上，很多人都会在整形过程中产生各种不同的后续反应，有的可能表面看起来风光无限，但实际上，脸部的肌肉已经僵硬到无法展示正常的喜怒哀乐了。因为肉毒杆菌会产生一种毒素，这是人类已知的最致命的毒素之一，一旦感染，若是治疗不及时，60%的患者最终会瘫痪，甚至有可能致死。

法国医学研究机构INSERM，一直致力于研究如何能够快速地检测出肉毒杆菌神经毒素，通常检测过程是将患者的血液注入小白鼠体内，如果小白鼠中毒甚至死亡，会确认为毒素过量。但问题在于，通常要四天才能得出测试结果，而这个时段，对患者来说，风险极大。克里斯蒂安·莱韦克带着自己的研究团队进行了新的测试，用一种微型芯片放入含有毒素的血清中，发现几小时内就可以显现出检测结果，且可以检测出更低的浓度，对患者来说，快速检测毒素，将是真正救命的利器。

IN 视角

看来这项实验获利最大的一方是整形行业的从业者和患者们。整形总算有了可以极大缓解术后风险的方法。可是问题在于，目前医生似乎只能从已经使用的肉毒杆菌中检测出毒素的浓度和容量，而整形者们都得在注射之后，才能得知自己是否毒素过量。倘若确实检测出患者毒素过量，后续的挽救措施就显得尤为重要。

第三章

生活里的无厘头实验

从生活角度看，所有吃的、玩的、用的，都可以成为科学家们好奇研究的对象。

排泄物和食物的奇葩组合（实验68：人体大便提纯做出的素肉汉堡）；对于身体无穷好奇的探索（实验98：闻耳屎也是一门学问）；痛苦的失眠，也可以带来科学研究的价值（实验77：长夜漫漫，无须睡眠）。

从伦理角度看，人性的探寻可以解开许多行为和思维的困惑，例如对于人性本善的思考（实验71：善良的撒玛利亚人）；对于情感的探索（实验100：羞耻的力量）；以及对于思维抉择的追寻（实验83：大脑在灾难面前的抉择）。

从无厘头的方面来看，科学家们总有无聊的时候，许多创新的产生，也有可能是突如其来的变故带来的灵感。例如执着追求生活“质量”的人（实验76：在秤盘上生活了30年的人）；对于自己小秘密不断探索的人（实验82：精子居然是定时炸弹）；对无聊生活发起挑战的人（实验91：麦当劳成为最减肥食品）；以及贡献自我为科学奉献的人（实验97：关于最痛的实验）。

生活中处处都有惊喜，处处都有收获，只要我们拥有善于发现的眼睛，拥有一颗永远好奇的心，拥有坚持探索的态度，就有可能创造出惊喜！

实验67 动心的理由

快眼看实验

地点	加拿大温哥华附近的卡皮兰诺吊桥
时间	1973年夏天
主持人	唐纳德·G. 达顿
目标	一个人为什么会对另一个人动心
特点	实验也可以很浪漫温情
脱线指数	★★★
可模仿指数	★★★★★（对年纪大的“剩斗士”们来说是绝佳的策略。）

全实验再现

杰克最近的心情不怎么好，大学好不容易毕业了，找工作一直不顺，恰逢此时，相恋两年的女友又突然提出分手，转身投入别人怀中。

伤心的杰克决定来一场说走就走的旅行，背着背包来到了加拿大。他早听闻温哥华附近有一座著名的卡皮兰诺吊桥，当初刚和女友相恋时，还打算一起在全世界最长也是最高的人行吊桥上漫步。

来到了目的地，杰克摇摇头自嘲地笑笑，拿起背包从巴士上走了下来，刚抬头就被眼前的景象吓住了：郁郁葱葱的树林中，隐约可见一条细线一般，长长的还在摇摇晃晃的吊桥。杰克顿时有了拔腿逃走的念头，但好不容易来了，还是上去看看吧！于是硬着头皮跟着导游前进。

导游夸张地说："这可是真正的空中漫步！下面的峡谷有70多米深，吊桥长150米，可是宽度只有1.5米，所以大家一定要小心，不要走得太快！"

吊桥一直在风中摇曳，可怜的杰克好不容易走过吊桥，脸色已经有些发白，膝盖止不住地颤抖，他只得停下脚步，靠在树上休息。刚喘了两口气，一个美妙的声音在耳边响起，"嗨，您好！打扰一下！我是卡皮兰诺学院心理学系的学生，最近正在写一篇关于旅游景点如何抓住游客心理的论文，有几个简单的问题，不知道您方不方便帮我回答一下？"抬头迎上的是一双水汪汪的眼睛，姣好的面容，金色的卷发随意地扎在脑后，青春四溢的气息扑面而来。杰克顿时觉得心跳少了一拍，他很配合地填写了问卷，女孩微笑着撕下问卷的一角，写下了"格洛丽亚"的名字和一串电话号码递给他，"感谢您的配合，如果您还想进一步了解问卷的内容，可以打电话给我哦！"

直到女孩转身离去，杰克仍是一头雾水，一缕春风在心中拂过，脑海中全是刚才那个女孩的样子，瞬间就忘记了前女友离去的伤痛。杰克觉得是上天给了他最好的机会，这就是他梦想中的女孩，天哪！女孩还主动留了电话号码，好运回来了！杰克兴奋地快步前行，差点忘记了前一刻双腿还抖得挪不开步子。

第二天，杰克摸出纸条，打电话给格洛丽亚，想约她吃个浪漫的晚餐，对方礼貌地说："真是不好意思，其实这是我们设计的一个心理学实验，我是受雇去参加实验的。"

同时，达顿和他的同事阿伦正在分析讨论拿到的资料，在吊桥上参与调查问卷的25个男游客有13人给格洛丽亚打了电话。另一组资料是在吊桥附近的小公园收集的，同样的漂亮女孩，同样的理由，只是填写问卷的都是已经从吊桥上下来，已歇息一段时间的男游客们，只是换了个"多娜"的名字而已，可是公园内参与调查的23个男游客，竟然只有7人给"多娜"打了电话。

达顿和阿伦得出结论：当人的身体受到特定刺激时，身体的感觉会错误地把它当成另一种刺激，科学家称为"归因错觉"。杰克错误地把膝盖颤抖归因为看到了格洛丽亚，产生了想要进一步接触的想法；而公园内已经恢复平静的游客们，则没有将这样的信号连接起来，所以对多娜的想法也就没有那么强烈。

IN 视角

实验过程并不复杂，参与实验的人选其实也很幸运。能借机与美女交流沟通，还能得到对方主动给的电话号码，不知会有多少不明真相的男生们会大呼："为什么不是我！"只是当随机的实验人选得知美女搭讪不过是美梦一场时，也未免太伤害脆弱的心灵了。

该实验在伦理上自然不存在问题，但在实际操作过程中，女孩的相貌是否会影响最终的结果，达顿并没有考证。他选用的实验者，自然都是貌美的年轻女性，可是这个实验过程不禁让人揣测，若是换成丑女上前搭讪，是否还会得到如此乐观的资料呢？

实验68 人体粪便提纯做出的素肉汉堡

快眼看实验

地点	日本东京污水处理公司
时间	2011年春夏之交
主持人	池田光幸
目标	人体粪便提纯制作素肉汉堡
特点	环保理念创造人工粪便汉堡，价格却是牛排的10～20倍
脱线指数	★★★★★（得多么具有想象力和腹黑能力，才能想到研究这个呢？简直逆天了！）
可模仿指数	★（绝对是饮食界颠覆性的噩梦！真的会有人尝试吗？）

全实验再现

几年前，有新闻曾报道，有名在校女大学生，课后收到一份包装精美的礼物，打开一看是汉堡，准备食用时发觉有异样，这个汉堡没有应有的味道，外表也呈现糊状。她疑惑地让室友一同辨别，发现居然是人的粪便！

女大学生恼羞成怒，告知了家长并当即选择报警，警方很快在校园附近的咖啡厅逮捕了送礼物的犯罪嫌疑人，是受害人同系的一名男生。由于这名男生并没有对受害人造成精神以外的任何伤害，故最终只是赔偿了精神损失费，并接受道德教育，之后就被释放了。

在警方对作案男生进行教育时，该男生诚恳地表示，只是因为“爱得太深”，找不到一个可以宣泄自己情感的方式，于是采用了这样的表达方式，希望女生可以印象深刻，了解他骨子里深深的爱。

且不说作案男生深沉的情感，光看这独特的情感表达方式，除了恶心之外，还真的很有创意。当然，他的做法显然过于幼稚，因此，一下子就被看穿了。

要说这个创意，其实他也并不是首创，曾经就有人经过实验，成功研制出了真正可以食用的大便汉堡。

日本的池田光幸教授和研究小组，受邀在东京污水处理公司为其解决“如何充分利用城市废物垃圾”时，决定将废物变成人类可以食用的环保食品。

池田光幸教授发现，在城市的废物垃圾系统中，有非常多的人类粪便，政府每年处理这部分令人难堪的废物要耗费大量的人力、物力、财力。

人类的粪便当中有很多种细菌，也富含蛋白质，这个发现给了教授一个灵感。

他带领其研究小组进行了大量的实验，从粪便中提取蛋白质，将其制作成人工肉类，再加上食物色素和酱油来改变色泽，使之成为和真正肉类差不多的红色，最终形成肉排，被他们称为“素肉汉堡”。这种汉堡包含63%的蛋白质、25%的碳水化合物、3%的脂肪以及9%的矿物质，看起来营养又健康。

在未揭露原料的情况下，池田光幸教授和研究小组组织了一批志愿者，试吃“素肉汉堡”并记录人们的评价，大部分人在食用之后，认为这种汉堡非常美味，口感和牛肉非常接近。

得知这种环保食品的成本是日常食用牛排价格的10～20倍时，试吃者表示会酌情考虑，若真的是环保绿色的食品，还是会购买食用的。但最终得知美味汉堡的制作来源时，试吃者们震惊万分，并无一例外地回家连吐了两天，当然我们也就无从得知，是否还会有试吃者愿意继续购买此种特别的食品了。

池田光幸教授认为，虽然首次试吃最终达到预想的效果，但是“素肉汉堡”的绿色食品宣传将会帮助消费者克服心理障碍，所以他继续从事着实验研究，试图将研究成本进一步降低，以达到大量进入市场的目的。

IN 视角

岛国人民的想象力和创造力绝对是一流的，池田光幸教授和研究小组究竟受了怎样的刺激，才会坚持进行这样的实验研究？为了将来能让全人类无论处于何种境地都可以吃饱肚子，教授们穷尽毕生所学，进行了这样的实验并获得了成功，我们应该为他们鼓掌。但是实验成功了，如何打入市场将是最为艰巨的任务。高额的成本，吓人的原料，在得知实情的情况下，不知道地球上有多少人愿意勇敢尝试呢？

实验69 珍爱生命，远离伏特加

快眼看实验

地点	俄罗斯
时间	1999～2010年
主持人	理查德·皮托（英国牛津大学的研究人员）
目标	研究酒精与寿命的关系
特点	无酒不欢，哪怕死得快
脱线指数	★
可模仿指数	★★★（尽管实验结果并不乐观，但人们又如何能阻挡美味的伏特加呢？）

全实验再现

俄罗斯在世界上最有名的，除了金发碧眼、身材妖娆的美女之外，就是举世闻名的伏特加了。酒吧鸡尾酒榜上有名的血腥玛丽，就是以伏特加为基酒调制的。

俄罗斯的伏特加，源自14世纪，最早是由意大利的热那亚人传入的。当时伏特加还只是上流社会的饮品，曾有皇帝专门开设了皇家酒苑来生产伏特加自用。直到乌克兰并入了俄罗斯，伏特加才在民间广泛流传，这种清冽醇香的烈性酒，像火焰般点燃了整个俄罗斯，已经融进了整个俄罗斯民族的血液，满街的俄式餐厅以及夜店酒吧中，都有它的身影。

从饮酒的习惯可以看出一个民族的性格和情怀。“伏特”在俄语中是“水”的意思，“伏特加”就是俄罗斯人对水的昵称。在俄罗斯，伏特加酒被看作“上帝”，相传，在俄法大战中，正是由于俄罗斯士兵饮用了烈性奔放的伏特加，而法国士兵饮用的是柔和优雅的白兰地，最终造成了法国的战败。

俄罗斯人骁勇善战，平均寿命却并不高。在2012年世界人均寿命的排行榜中，俄罗斯人的人均寿命只有66.46岁，在世界排名163位。世界排名第一的是南欧的袖珍小国摩纳哥，人均寿命为89.68岁。

基于这样的巨大差异，来自英国牛津大学的研究人员理查德·皮托在俄罗斯、美国、英国做了长达11年的实验研究，自1999年到2010年，俄罗斯的三个城市巴尔瑙尔、贝伊斯克和托木斯克的总计15.1万人参与了调查。研究人员根据他们的饮酒情况以及饮酒习惯分析得出，其中8000人死于酒精相关的事故，如果一周喝三瓶以上的伏特加，更是会有35%的俄罗斯人在55岁前死亡。同类研究在美国只有10%，而英国仅有7%。

俄罗斯人对伏特加的热爱是与生俱来的，有人说，若是不喝伏特加，那就不是俄罗斯人。调查显示，俄罗斯年轻人的死亡率，远远超过世界其他国家，哪怕同样疯狂喝酒的芬兰和波兰，都没有俄罗斯如此高的酒精致死率，可见伏特加的凶猛。

实验研究的对象多为俄罗斯成年男性，尽管我们都知道俄罗斯女人同样是喝酒的高手，但并没有相关可证实的研究资料。而皮托研究发现，历史上曾有六次对伏特加酒的限制，都没有让伏特加酒消失，人们也并没有改掉酗酒的习惯，反而躲在家里酿造伏特加酒。民众所喝的伏特加，多来自民间廉价的小作坊，为了制出浓烈的伏特加，这些廉价酒的度数高得吓人（通常大多是用于制作香水和防腐）。

一项调查显示，40%因酒精死亡的俄罗斯青壮年，多数都是喝了如此高浓度的酒。

IN 视角

俄罗斯人每人每年平均要喝掉67瓶伏特加，俄罗斯男人更是把伏特加酒看成自己的“第一妻子”。无论是白天还是黑夜，都能看到一群群俄罗斯人，手中握着伏特加酒瓶在公路上、公园里摇摇晃晃地喝酒。

就算人人都知道这样饮酒的危害，恐怕也难以让俄罗斯人舍弃他们手里的酒瓶，若是上街采访，人们一定会摇摇晃晃地告诉你：“没有伏特加，活那么久干什么！”

实验70 性感的漂流

快眼看实验

地点	阿卡里号漂流筏
时间	1973年5月13日～1973年8月20日
主持人	圣地亚哥·赫诺维斯
目标	不同民族早期海上航行的人类行为
特点	101天，在简陋无遮蔽的漂流筏上，异性如何相处
脱线指数	★★★★（完全背离了研究者的实验目标，却引发更多目光和关注。）
可模仿指数	★★★★（如果漂流筏的设置再好一些，脱离原本的主题，将是美妙的旅程。）

全实验再现

“1973年6月21日，今天的天气很好，大西洋还算平静，尽管漂流筏周围依然有鲨鱼不时露出脊背，但比起前几日那次大浪要好了很多。船员们已经完全熟悉了彼此，同时也更真实地暴露了自己。阿尔及利亚的爱莎，被其他人称为‘游客小姐’，不过我也看不下去了，给她分配任何工作都要再三推诿。法国姑娘索非亚也让人伤脑筋，每天早上花一个小时化妆，大家都有怨言。最让人头痛的是安哥拉神父，每个离他近的人都会向我反映他令人崩溃的汗臭味，我已经提醒他每天从头到脚洗三遍澡了，但他依然让人无法近身。”

赫诺维斯合上日记本，想起最后写下的问题，不禁又头痛地揉了揉眉头。

这是漂流在大西洋上的一艘简陋的漂流筏，12米长、7米宽，共有来自不同国家民族的6女5男，在漂流筏上，将会度过101天的海上旅行，而他们所居住的场所仅是一个4米长、4米宽，而高度只到人胸口位置的小木屋。木屋顶上是个凹陷的小平台，供船员们平时讨论和沟通使用。

十一名船员的大致情况是：

金发碧眼，身材超好的瑞典女船长，

略显沉默，反应灵敏的犹太女医生，

有点神经质的日本男摄影师，

不怎么参与活动的希腊饭店老板，

汗臭味熏天的安哥拉神父，

总是凑在一起，最多事的美国白人女子和黑人女子各一人，

总是不愿意干活的阿尔及利亚籍阿拉伯女子，

从上船就一直不停晕船、呕吐的乌拉圭男子，

风情万种却有些矫情伪装的法国女子，

赫诺维斯自己。

作为墨西哥有名的人类行为学家，赫诺维斯此次组织101天漂流活动的目的，是希望可以研究在人类早期航行的过程中，抛开现今的受教育程度

以及精神因素，不同国家民族间的人相处时是否会产生冲突，而他们又会有怎样的行为产生。

赫诺维斯设置了他认为理想完美的一切准备，可是没想到刚开始航行时，这群人就展现出了与他的设想完全不同的方式。

在那个矮小的居住屋中，赫诺维斯要求男女交替睡成两行，立刻就遭到了男士们一致责骂，他们认为赫诺维斯一定会把自己安排睡到两位最漂亮的女性中间。尽管赫诺维斯做了很久的解释，也无可避免地受到了男士们的鄙视，直到后来把规矩改为每七天可以更换一次睡觉时的左右邻居，才平息了他和男士们的矛盾。

在航行过程中，赫诺维斯已经快抓狂了，他所设想的关于民族间冲突的所有行为都没有出现，倒是大家都特别关注彼此间亲密关系的情况，尽管他自己也没忍住和性感的法国姑娘共度了春宵，但他依然还是郁闷自己究竟错在了哪里。后来，这次活动索性就完全变成没有精神文明调控的情形下，性行为和性倾向的实验研究。

101天的航行中，人们从最初都穿着衣服有点不好意思地相处，到后来几乎都穿得很少，一边露天上厕所，一边还能跟别人聊着天度日。船员们共完成了46份问卷，8079个涉及与其他船员、性行为、宗教、道德等方面的问题。

当航行结束，赫诺维斯在接受新闻采访时，满心欢喜地阐述了半天自己研究的整个实验的始末，人们却只记住了一份小报的总结标题——“性之漂流筏”。

IN 视角

这个颇具想象力且大胆的人类行为学家，在研究结束只是让普通民众记住了漂流筏和性的关联，他的同行严厉批判他不顾伦理道德的实验方式，参与实验的船员们也对他的独断专行进行了谴责，结果导致新闻媒体很轻易地获取了参与实验者的照片和真实姓名。尽管航行结束，所有船员都接受了心理咨询师的咨询和辅导，但在101天的时间里，如此单一的生活环境中，他们只能局限地讨论和思考话题，很难再保持与现实一致的精神文明水平。由此看来，这是一次残酷的实验，但有关该实验的大量笔记和感受，必然也会给人类的探索带来新的思路。

实验71 善良的撒玛利亚人

快眼看实验

地点	普林斯顿大学心理学系，通往社会学系大楼的沥青小路
时间	1970年12月14日上午10点
主持人	C. 丹尼尔·巴特森
目标	研究人们在宗教前提下的助人精神
特点	来自圣经的探索
脱线指数	★★
可模仿指数	★★★（日益浮躁的社会，对于人心善恶的宣扬，应该更真实广泛。）

全实验再现

“有一个人从耶路撒冷到耶利哥去，落在强盗手中，强盗剥去他的衣裳，把他打个半死，就丢下他走了。有个祭司偶然从路上经过，可是看见他并没有理会。一个利未人经过看见他，也从身边经过了。唯有一个撒玛利亚人经过动了善心，用酒和油倒在他的伤处，包扎好并带到店里照顾。”

合上《圣经》，巴特森不禁陷入了沉思，这个撒玛利亚人的故事深深打动了他。作为研究人类心理行为的教授，他与同领域的约翰·M. 达利，一直都致力于研究人们究竟会在何种境况下产生助人的想法。

1970年12月中旬，普林斯顿大学校园空气清冷，学生们一个个缩着脖子，快步走向自己要去的目的地。

作为神学院中最优秀的学生之一，杰姆森每天都虔诚地向上帝祷告，《圣经》是无论何时何地都不会离身的。今天，他上完宗教心理学的课程后得到一个任务，要赶往社会学系大楼，去找一个工作人员，录制一段3~5分钟的报告，题目是“善良的撒玛利亚人的故事”。

普林斯顿大学心理学系通往社会学系大楼有条必经的沥青小路，显得有些偏僻、幽静而且有些昏暗。杰姆森一路上在脑中温习了一遍《圣经》中关于撒玛利亚人的故事，“这是关于助人的一个小故事，3~5分钟应该讲哪些重点呢？”

杰姆森正在思索中，突然被一阵咳嗽声打断了思绪，一个流浪汉头发凌乱，双眼迷离，双手紧紧插在口袋中，缩成一团。杰姆森赶紧上前询问，流浪汉咳着说：“咳咳……我没事，撑得住……只是呼吸道不太好，刚吃了颗药……咳咳……休息一会儿就好了……咳咳……”

杰姆森正想带他去咖啡厅休息一下，前面的同学回头喊道：“嗨！杰姆森！快点！老师已经等你半天了！”犹豫了两秒，杰姆森还是选择先去做完报告，再回来帮助流浪汉。

杰姆森到报告厅做完了报告，出来后发现流浪汉已经没有了踪影……

巴特森在他的三天实验当中，把神学院的47名学生分为了两组，派往社会学系大楼参与报告录制，一组就是像杰姆森一样，被告知时间非常紧迫，另一组告知有充足的时间可以赶往报告厅，而报告的题目都是与撒玛利亚人相关的论题。

在整个实验过程结束之后，经过分析发现：决定参与者是否提供帮助的唯一的取决因素就是时间，被告知有充足时间的那组被试者，向路边流浪汉提供帮助的概率是时间紧迫的人的6倍，而其中更是有一位超级热心的被试者，把流浪汉带到咖啡厅喝咖啡，高谈阔论了三个小时。

有意思的是，尽管巴特森特意把报告题目设定为撒玛利亚人的故事，就是想要提示所有被试者，给其宗教性的指引，但在所有做报告的学生中，竟没有一个人提及在路上看到流浪汉这件事，似乎完全没有人发觉，那条幽暗的小路，就是巴特森特意设置的“耶路撒冷下耶利哥”的道路。

IN 视角

从宗教的角度来看，无论事件多么紧急，都抵不过救人为大。所以在巴特森实验中，没有救人的被试者得知真相后，都羞愧得面红耳赤，转身祈祷上帝。不知道耶稣看到这样的场景，是否会为他们的迂腐而叹息？

但从实验的角度来看，这样的样本不仅过于特殊，设置也不够具有冲突性。巴特森的实验，仅仅是在一个小的范围观察人们的表现，并不能成为人们在宗教背景下选择助人行为的比例论证。

但是那位超级热心的救人者，也让巴特森焦头烂额了半天，毕竟，每隔半小时设置好的被试者，经过的路线上应该出现的流浪汉，竟然大摇大摆坐在咖啡厅里惬意地喝起了咖啡，而实验发起人则在远处的屋子里急得团团转，也实在是有趣的场景。

实验72 谁是真正的基督

快眼看实验

地点	底特律伊普希兰蒂国立精神病院D-23部
时间	1959年7月1日～1961年8月15日
主持人	米尔顿·洛基奇
目标	人类自我认同身份的改变
特点	精神病的奋斗史
脱线指数	★★★★
可模仿指数	★（珍爱生命，远离精神病。）

全实验再现

米尔顿·洛基奇是专门研究人自我认同以及内在信仰体系间联系的心理学家，他有两个女儿，一个6岁，一个4岁，都如瓷娃娃般漂亮可爱。

一天，洛基奇和两个女儿开玩笑，特意把她们的名字调换过来喊，小女儿有点委屈地问："爸爸，这只是个游戏对不对？"

洛基奇笑笑并予以否认，小女儿水汪汪的大眼睛立刻就红了，大女儿也瘪着嘴跟爸爸说："爸爸，请你不要再这样叫我们了！"

洛基奇由此得到了灵感，原来，哪怕孩子年龄再小，内心深处都会有自我信念认知，就是她们完全知道自己是谁。这一灵感让洛基奇非常兴奋，想尝试如果坚持混淆她们的姓名，一周将会出现什么样的情况？但妻子和两个女儿坚决反对，只得作罢。

不死心的洛基奇，不会就此放弃这样一个好的研究方向，思前想后，他想到了一个特殊的群体——精神病患者。

那些原本就一直认为自己是别人的人群，究竟是怎么想的呢？如果我们能把具有相同身份认同的人聚在一起，将会对他们内心的认知准则产生怎样的冲突碰撞呢？我们是否可以借机改变他们的自我认知，让他们回到正常人群认知呢？

一系列的问题，促使洛基奇坚定了自己实验的想法，他跑遍了密歇根州的五所精神病院，寻找符合实验要求的精神病患者，但在25000名病人中，却只有极少数符合要求。

最终，洛基奇找到了底特律附近的伊普希兰蒂精神病院，在这家精神病院里，找到了三个符合要求的实验人选。

"我叫约瑟夫·卡塞尔，我是上帝！"一个秃头豁牙的58岁男子这样对他说道。

"我叫克莱德·本森，我已经成为上帝了。"70岁的男子低声喃喃自语。

"我的出生证上写着我是重生的基督！"最后的男子38岁，身材瘦小，表情严肃，并不愿说出自己的真名（莱昂·加博尔）。

这个怪异的开场白，让洛基奇很满意，他手边有这三人详细的病历介绍：

约瑟夫·卡塞尔，生于加拿大魁北克，从小喜欢看书，长大成婚后，要求妻子去工作赚钱来供他读书、写书。后来，他还要求和妻子一同搬到岳父母家居住，理由是怕自己被人毒死。1939年，38岁的卡塞尔因妄想症被家人送到精神病院，十年后开始跟别人说自己是上帝。

克莱德·本森，在密歇根州的农村长大，在他42岁那年，他的妻子、岳父以及自己的父母相继过世，而女儿又嫁到很远的地方，一系列的打击让本森沉迷于酗酒，并很快再婚，因暴力伤人被送入监狱。在监狱中，他四处声称自己是基督，并在他53岁时，被管理者从监狱转至精神病院。

莱昂·加博尔，底特律本地人，从小父亲离家出走，母亲寄情于宗教，整天都在教堂祈祷，加博尔只能独自在家。他青年时读了一年神学院，就选择了参军，复员后与母亲一同生活。加博尔在32岁时，开始听到有周围的声音跟他说他是基督，一年后，被人举报送往了精神病院。

洛基奇规定他们只能讨论基督的事情，自己在旁观察记录，但他发现三个人讨论的话题，很快就变得五花八门，却没有人再谈论各自的身份，就算有人提到自己是上帝，其他两个人也会很快改变话题。

最终，洛基奇放弃了通过实验治疗把他们带回现实世界的想法，他意识到这三个人更希望和平共处，而不是澄清自己的身份。

IN 视角

想要改变人类自我身份认知的实验，本来就是很大的挑战，伦理是最重要的阻碍。洛基奇选择精神病患者进行实验，的确是躲开了伦理的讨伐，但是也决定了实验人选在样本效度上的缺陷，何况精神病患者并不仅仅存在身份认知的问题。这也难怪最后洛基奇美好的愿望还是泡汤了，毕竟，你又能如何控制精神病患者乖乖聊你想让他们聊的话题呢？

实验73 飞越疯人院

快眼看实验

地点	精神病院
时间	1968～1972年
主持人	戴维·罗森翰
目标	发现“正常人”和“精神病人”的区别
特点	用自己做实验，深入“虎穴”
脱线指数	★★★★★
可模仿指数	★（一个不小心，有去无回。）

全实验再现

一间普通的会客室中，坐着八个人，他们正在讨论即将要进行的神秘实验的细节。

实验的发起人叫戴维·罗森翰，他是斯坦福大学的心理学教授，多年来一直致力于研究如何精确地区分正常人和精神病人的论据。他曾发表过一篇震惊世界的文章，并在其中写道：“即便我们可能坚信自己可以区分正常和病态，但我们的证据却不具有绝对说服力。”

现场参与实验的八个人，一名心理系学生、三名心理学家、一名儿童医生、一名精神病院医生、一名画家和一名家庭主妇，还有罗森翰自己。他们的共同实验任务是：用假名字和同一个编造出的症状，前往12家不同的精神病院就诊，然后通过自己的努力，让精神病院的医务人员相信他们是心理健康的人，并同意他们离开精神病院。

罗森翰弄乱了头发，穿了一件故意弄得皱巴巴脏兮兮的衣服，好多天不刷牙、不洗澡、不刮胡子，浑身散发着难闻的气味，以给人一种颓废的感觉。

他跟医生抱怨说，自己最近总是听见莫名其妙的声音，脑海里总是些乱七八糟没有关联的词，弄得他头都痛了，希望医生能给他提供治疗。医生沉思半晌，虽然这个病人所描述的症状，他还从来没在哪本医学文献中见过，但应该可以确诊是精神病无疑了。

医生给罗森翰开好了确诊书，却发现罗森翰跟个正常人一样与其他医务人员聊天，只能摇摇头叹息。因为大部分的精神病人都间歇性地发作，真是麻烦，不知道这种正常状态能够持续多久，又会变成奇怪声音的干扰了。

病人在住院期间，每天都会有规定的服药时间，每个病人需要服下医院为他们所开出的一把花花绿绿的药，当然，罗森翰和其他七人提前做过准备，知道如何做可以把药藏在舌头下，而不被医务人员发现。

实验结束，八个人共收集了2100颗不同种类的药。

当然，实验也并不是一帆风顺的，当真正进入精神病院，与那些精神病患者吃住在一起的时候，才会感到压抑和恐慌。八名实验人员中，有人担心自己会遭到强奸或者殴打，但所幸没有发生，仅是被恶意呵斥过。

罗森翰意识到自己的力量难以保护所有人，而这个实验由于伦理问题又不被人所知，他只能留下遗嘱，安排了一名律师随时待命。

参与实验的八人中，有三人在进入精神病院时，其他病人中有30%的都在怀疑他们的真实身份，认为他们并不是真正的精神病人，但讽刺的是，所有的医务人员都把那些话语当成发病的依据，并把他们都送回病房吃药了。

这样，所有人得以有惊无险地完成了实验。

所幸这些假病人里竟没有一个人穿帮，凭借一个编造出的症状，都成功地在三周以后，最长52天被放出了医院。

医院给出的诊断结果，清一色是“轻度精神分裂症”，并告知这样的情况可以在家吃药治疗，不需要待在医院里。

值得注意的是，在整个实验过程中，一旦某个人入院时被医生认为属于精神病范畴，要留在医院观察治疗，那么整个过程中，无论你表现得多么正常，医务人员都会本能地把那些正常行为放在精神病患者的前提下审查和判断，并把它们当成精神病发作间隙的短暂正常行为。

实验一经发表，引起轩然大波，整个心理学界陷入究竟应该如何界定“精神病人”和“正常人”的探索和思考当中。

IN视角

曾有一部电影，叫作《飞越疯人院》，哪怕你不是标准的影迷，你也一定听说过。这部一举将1976年第48届奥斯卡中最佳影片、最佳男女主角、最佳导演和最佳改编剧本五项奖项收入囊中的经典影片，被称为“影视表演的必修课”。

麦克墨菲因逃脱牢狱之灾，进了精神病院，受不了里面的制度，带领病人数次挑战医生的权威，一度消失了。

病人们都以为他逃出去了，把他当作传说，但真相是他被医生做了额叶切除手术，成了真正的白痴。

实验74 数再多羊也睡不着

快眼看实验

地点	牛津大学
时间	2001年
主持人	埃里森·哈弗里（Allison Harvery）
目标	数羊是否可以治疗失眠
特点	入睡的最简便方法
脱线指数	★★★
可模仿指数	★★★★★（居家必备良品，失眠患者的福音。）

全实验再现

“1只羊、2只羊、3只羊……500只羊、501只羊…………1只羊、2只羊……999只羊、1000只羊……”

相信很多人，都有睡不着的痛苦经历，躺在床上翻来覆去，总是感觉找不到舒适的睡觉姿势，换来换去，还是异乎寻常地清醒，那感觉可一点都不幸福，于是，大家都知道可以尝试一个“有效”的方法——数羊。

可是，世界上的羊都数了一圈，依然还是不能入睡。话说，人一生中至少1/3的时间都在睡觉，可是，如果睡不着怎么办？这可是影响人生幸福指数的最大杀手。

来自牛津大学的埃里森·哈弗里教授自己就曾有过失眠的经历，他数羊数得痛苦万分，就一直立志要发现可以睡着的最有效方法。从2001年开始，他持续观察记录了50名长期失眠患者，将他们分为三组，用不同的方式来进行治疗，想看看究竟哪种方法可以真正催眠。

第一组失眠患者被要求躺在床上，幻想一些宁静的场景，比如，湛蓝的天空，白云轻轻地飘过；或是幽深的湖面，偶尔有一丝波纹散开。

第二组失眠患者被要求躺在床上，以传统的方式来促进睡眠，就是数羊。

第三组失眠患者允许他们用各自的方式来催眠入睡。

经过长时间的观察，埃里森·哈弗里教授分别记录着三组不同的失眠患者入睡的时间，以及睡眠的品质，甚至精确到数羊的失眠患者究竟数了多少只羊的时候成功入睡。

最终的实验结果为：第一组治疗方法比第三组治疗方法让人更快入睡，可以提前二十分钟入睡，而第二组治疗方法比第三种治疗方法要让人更迟入睡。也就是说，数羊的方式是效率最低的，而幻想宁静的场景，则是最容易入睡的治疗方式。

埃里森·哈弗里教授总结认为，幻想宁静的场景，会使用大脑更多的空间，更加容易劳累，所以也就更容易入睡。

在采访参与实验的失眠患者的体会时，数羊的实验人员纷纷表示，数羊最痛苦的是，当你数着数着慢慢陷入睡眠边缘时，本来可以就此睡着的，却突然忘记数到了哪里，但已经习惯了继续数，于是突然就清醒了，绞尽脑汁思索究竟数到了多少只，实在想不起来就得重新数。那种感受，就像你困得不行了，但旁边总有个人在你即将睡着的时候，突然打你一下，喊道："嘿，别睡了，数到多少只羊了？"

而幻想宁静场景的实验人员则表示，在幻想天空的时候，莫名就觉得困得不行，看着那纹丝不动的天空和白云就觉得很舒服，很想睡。

这个实验一经公布，引起了社会的广泛讨论，来自美国农业部羊实验中心的布雷特·泰勒说道："其实，我也不支持以数羊来促进入睡，尤其是美国人，因为美国人数羊时，都会幻想羊跳篱笆，而实际上，羊根本不跳篱笆。"

IN 视角

尽管人们一直谴责不该让有限的生命都浪费在睡觉上，但是绝对没有人会认为失眠是一件快乐的事。问题是，真正的失眠患者都会在睡不着的时候，期盼这世界上有一种方法可以让他快速睡着，如果能够实现，他们愿意付出一切。

实验75 如果让你370天都生活在床上

快眼看实验

地点	床上
时间	1986年1月
主持人	鲍里斯·莫鲁科夫
目标	测试机体抗衰退的新方法
特点	痛苦并快乐着
脱线指数	★★★★
可模仿指数	★★（胖子们有了新生活指向标。）

全实验再现

莫斯科生物医学问题研究所的鲍里斯·莫鲁科夫最近很忙碌，作为医生和宇航员的双重身份，他不仅要接受所有太空中的训练，还要协助太空署研究人们如何能在太空中停留更久的时间，了解人类在经过很长时间的失重航行后，会产生怎样的反应，是否有更先进的方法抵抗身体机能的自然衰退。

在太空舱的失重状态下，人体的心脏会转为低功率的工作状态，肌肉和骨骼几乎都不需要承担重量，长时间的失重会导致肌肉部分萎缩，体内红血球的数目也会减少。当然，随着身体所负担的工作量的减少，人体所需要的氧气也随之减少。想要模拟这一失重状态，科学家们实验多次，终于发现，让宇航员躺在和头顶成6°的床上可以基本实现这种状态，而若想得到最完整的数据，经过测算，需要一年的时间。

莫鲁科夫在报纸上刊登了一则广告："想寻找理想的工作吗？这份工作是在床上进行，实际上，你并不需要做任何事情，只需要好好休息，若是想要阅读、发呆、聊天，都可以，完全没有限制。只是无论你做任何事情，都必须保持躺在床上。这份工作需要进行370天，我们需要11个应征者。这是份完美的偷懒工作，并且，我们会为完成工作的人免费赠送一辆轿车！快来应征吧！"

很快，莫鲁科夫召集到了很多应征者，看来送车的诱惑还是很大的，每个前来参与实验的人，在了解了实验的细节之后，态度依然非常认真，看起来就像真的想要为国家做贡献一样。只是，其中一名应征者，在三个月后终止了实验，原因是他已经有了一辆车。

这项实验最后确认了11名男性应征者，年龄在27岁到42岁之间，其中四人本身就是医学家，大部分都有妻子和孩子，按照规定，他们和家人每周只有一次碰面的机会。一年的实验过程中，几乎一半的实验人员与家人的关系都走向了分离。

在实验过程中，实验对象不仅每天需要躺在床上，还需要被送入离心器中，去承担8倍的重力加速度，这也是为了模拟反映宇航员在结束了太空飞行返回地球大气层时所遇到的情况。但对每个参与实验的人来说，心理的负重远比身体的负重要来得更猛烈。

这11个人被分组安排在三个房间中，给他们看电视、阅读、听音乐来打发时间，一开始众人觉得如此绝佳的机会，应该学点什么，比如一门新的外语，但是很快他们就放弃了。因为每天处在真正飞行员的生活状态下，连吃饭都是通过铝管来进食，度过了最初的兴奋后，他们实在是没什么好心情去学习。

很快，床上的“理想生活”就变得没那么舒服愉快了。无所事事，完全不能活动，甚至还有每天的药物研究，这让他们的精神介于崩溃边缘。在其中一个5人间里，实验对象们反目成仇，每天争吵，也不愿配合负责分发药物的人员，最终导致莫鲁科夫只得换掉了相关的医药人员，以满足实验对象的需要，借此最终获得了他想要收集的宝贵资料。

IN 视角

且不论实验的结果如何，单说这个实验本身的操作方式，时间跨度长达370天，不是短时间，而且任何行为都不得坐起来或者离开那张床，任何一个正常人躺在床上一年，想必都会抓狂了。幸好，最终没有哪位实验者真的就此肌肉萎缩再也站不起来，也没有人因此精神失常。但是毋庸置疑，莫鲁科夫这个实验为太空中失重旅行提供了最为真实有效的实验数据，对于航天事业的发展有着巨大的贡献，从这个角度来看，为此支付十几辆汽车的价值，真的算不了什么。

实验76 在秤盘上生活了30年的人

快眼看实验

地点	秤盘
时间	1600年
主持人	圣多里奥
目标	人体变化的量化研究
特点	以身试法，绝对疯狂
脱线指数	★★★★★
可模仿指数	★（若想挑战吉尼斯世界纪录，敬请效仿。）

全实验再现

“你们知道吗？帕多瓦有个疯子！我舅舅告诉我，他年轻的时候就知道那个疯子了。现在我都二十五岁了，那个疯子依然持续着他的疯狂行为！”

公元1600年，帕多瓦小镇的一位医生，在百无聊赖之际，想到了一个有趣的实验。这位叫圣多里奥的医生，从年轻时就开始改造自己的诊所，在房顶上打造了一台天平一样的装置。他先在房顶上打通一个洞，用垂下的绳索连接上一个硕大的秤盘。他把他的工作台、桌椅以及床都放在了秤盘上。此后的30年，几乎人人都知道这个生活在秤盘上的疯子。

其实圣多里奥的想法很简单，他只是困惑究竟如何衡量人体由于进食、排泄等行为所产生的那些细微的变化，尤其是体重的变化。为什么有人不知不觉就胖了，而有人莫名其妙就瘦了？为此，他奉献了自己30年的时间。

每天，圣多里奥都过着规律的生活，早起先记录一次体重，然后吃早餐，他所有的饮食都是从镇上的餐厅订好送来的，吃完早餐再记录一次体重的变化。稍事休息后，进行一天中最为困难的任务，就是如厕，他需要在秤盘上的床边放一个便盆，如厕后测量排泄物的重量。一切得归功于圣多里奥那个刻度精良的秤盘，当初为了保证其精准程度，他可真是费了很大的力气，改造了很久才确保如此精准。

圣多里奥经过记录发现：如果一个人一天吃进去8磅的肉和饮料，有5磅会在不知不觉当中蒸发了，因为排泄物实际上只占所进食量的一小部分。而蒸发的方式或许是排汗，或许是水分的直接流失。

这一惊人的发现，直接让圣多里奥从悠闲自得的医生摇身一变成为量化实验医学的鼻祖！当然，拥有这个高端、大气、上档次名号的圣多里奥本人并不知情，因为他还在享受每天微小的变化。

对后世来说，最为遗憾的，莫过于圣多里奥偷偷省略了实验当中的一些细节，尤其是他在《实验备忘（二）》中写了一章叫作“关于性交”，可是，这一章中并没有提供更多细节，只是写下了“无节制的性交，阻碍了1/4的蒸发量”，读者只能开启自己的想象力，去描绘那香艳的场景。可是问题在于，没有人尝试过在秤盘上生活，关于想象，实在太难了。

150年后，一个叫吉尼斯的爱尔兰人在都柏林开办了一家啤酒作坊，生产以自己名字命名的啤酒。

当人们聚集在作坊喝酒时，常常会一边喝酒一边争论着世界上究竟什么是最大的、什么是最小的、什么是最重的、什么是最轻的等无关大雅却有趣的问题，圣多里奥就是其中被讨论的一员。他30年在秤盘上的生活被人们热议，可惜再也没有人可以超越他的纪录了。

IN 视角

大千世界，无奇不有，前文讲过在床上生活的人，坚持一年就已经快要崩溃了，没想到竟然还有愿意在秤盘上生活的人，而且一待就是30年！单单想这30年间如何上厕所就是一件让人难以想象而又无法忍受的事情，大概任何一个正常人都会疯掉吧！那些挑战或者创造吉尼斯世界纪录的人，都是绝对的疯子。不过，无可否认的是，这个世界上很多疯狂且超出正常人思维想象的都是由疯子所创造的，所以，请为疯子们鼓掌吧！

实验77

长夜漫漫，无需睡眠

快眼看实验

地点	犹他大学
时间	2009年
主持人	克里斯托弗·钟斯
目标	找出天生短睡眠者所共有的变异基因
特点	可喜又可悲的“特异功能”
脱线指数	★★★★★
可模仿指数	零（天生的“特异功能”，要是能模仿，还叫天生的吗？）

全实验再现

俗话说：“早起的鸟儿有虫吃。”

俗话又说了：“时间就像乳沟，挤挤总会有的。”

俗话还说：“人的一生最少有1/3的时间是在睡眠中度过，所以抓紧奋斗吧！”

这个世界上，总有那么一部分人是和常人不同的。科学研究发现，世界上有占总人口1%～3%的那微小部分的人，对他们来说，睡觉就是浪费时间，他们坚决并且执着地贯彻着这三句俗话，他们就是天生的“短睡眠者”。

所谓“短睡眠者”指的就是那些在午夜后才上床睡觉，几个小时就要起床，却能保持一整天都精神十足，他们不仅是夜猫子，还是早起的鸟儿。

犹他大学的克里斯托弗·钟斯作为知名的神经学家以及睡眠科学家，肩负着寻找如何影响并改变人类睡眠模式的重任。为了实现研究目标，他带领众多科学家们一同寻找那些神秘的“短睡眠者”。

整个招募过程中，有很多人给研究小组写信，称自己是天生的短睡眠者，还表示自愿接受实验。他们需要完成很多份的调查问卷，还有设计好的长时间的电话采访，经过了初次审核，工作人员还会给他们佩戴监测器，以跟踪这些人在家中的睡眠模式。

在众多问卷及电话采访中，有一道问题是：“在周末或者假期，当你有机会睡得更久一点的时候，是否依然每晚只睡5～6个小时？”工作人员们发现，很多声称自己是天生短睡眠者的报名人当中，大都会在这道题目上选择肯定的答案，也就意味着他们并不是真正的短睡眠者。经过层层筛选，钟斯教授只找到了20个真正符合要求的人。

“我觉得睡觉就是浪费时间，每天都要到半夜两点或三点的时候才会觉得困倦，一大早七点左右就会醒来，每天早起的感觉特别清爽，所以一天的心情也很好！”

“我妈妈告诉我，说我从两岁开始就不再打盹了，每天睡得都很少，现在的工作确实也很忙碌，完全没有可以浪费的时间，我当然更不会在睡眠上考虑太多，而且我觉得自己依然精力充沛。”

“有时候没那么多事情做，无聊的时候就会一边上网聊天，一边做做填字游戏，不然我会疯掉的！”

“我选择长期夜班，是因为虽然这听起来很疯狂，但的确很适合我啊！我宁可和朋友打麻将，也不愿意睡觉浪费时间，而且，我的表妹和我一样，所以我常会在凌晨四点打电话跟她聊天，我们从小就这样。”

“我越到晚上越有精神，从晚上十一点开始就特别有精神，反正早上不用闹铃都可以早起，要是早上床睡觉，我会觉得自己浪费了一半的生命！”

…………

科学家们分析完这些宝贵的资料，发现这些短睡眠者，通常从孩子时期就开始表现出来，家庭中会有遗传，他们虽然睡得少，但是依然精力充沛、乐观向上、开朗外向，甚至比一般人更愿意全力以赴地工作。

他们拥有共同的变异基因，非常罕见，科学家们在小白鼠身上尝试复制出了这种变异基因，发现小白鼠的睡眠时间也明显缩短。

IN视角

前文提过生活在秤盘上的人，还有人参加了个实验，整整一年都只能躺在床上生活，这两种情况都离不开人类的一个本能，那就是睡眠。若是短睡眠者去参与那些实验，恐怕是不仅自己要疯，举办实验的科学家也要抓狂了。

实验78 不要和土豪做朋友

快眼看实验

地点	MTO（流动住房）
时间	1998～2013年
主持人	罗纳德·凯斯勒
目标	帮助贫穷家庭
特点	跟随潮流的研究
脱线指数	★★★★
可模仿指数	★★★（虽然可能对健康不好，但你可能还是想说“土豪，我们做朋友吧”。）

全实验再现

美国是个贫富差异明显的国家，有富得流油的大佬，也有穷得无处安身的穷人。

为了帮助美国贫穷家庭的生活，哈佛大学的凯斯勒教授带领队伍参与指导了MTO（流动住房体验）项目的运作，在全国选了4604个家庭的参与，并从中统计出3689名孩子的数据。

这4000多个家庭被分为三组，其中两组可以获得一笔租房基金，可以租住到比原来环境更好的小区，而另一组则继续流动居住来做实验参照用。

凯特是个六岁的小女孩，从她记事开始就不知道自己的爸爸是谁，而妈妈没有工作，总是会喝得烂醉，回家对她打骂不断。她不知道别的小朋友是不是也和她一样地生活，在她的世界里，天空总是灰暗的。

不过凯特最近很开心，因为政府的叔叔阿姨很热心地给了她妈妈一笔钱，妈妈在买醉的同时，还换到一个好的小区居住。

刚到新家的时候，凯特看到隔壁的小女孩，穿着漂亮的粉色公主裙，头上还有好看的凯蒂猫蝴蝶结，就悄悄问妈妈，“我们的邻居是谁呀？”

凯特的妈妈今天心情也很好，莫名其妙领了一笔钱，终于可以不用为了四处讨酒而被那些臭男人乱摸，还能带着女儿换个环境，于是跟凯特说，“宝贝，我们的邻居都是有钱人，以后我们也能像她们一样有钱的！”

凯特还不太明白妈妈的话，但看到妈妈开心也跟着高兴。

小区里所有的叔叔阿姨都很关心凯特，给她很多好吃的和漂亮的衣服，还用一种同情的奇怪眼光看着她。

隔壁的小女孩告诉凯特：“小区有几个坏孩子，你要注意，不要跟他们玩！我爸爸妈妈说那些孩子会欺负女孩子，还会偷东西，要我离他们远一些呢！”

一天，凯特跟隔壁小女孩出门时，遇到了所谓的“坏孩子”，她却开心地边喊边跑，“汤姆哥哥！汤姆哥哥！原来你也住这里呀？我和妈妈才搬过来，很久都没有看到你了！”原来，汤姆是凯特以前在救助站时的好朋友，可是汤姆却不像以前那样欢欣雀跃地拉着凯特玩了，只是默默地坐在路边看着路人。

这样的场景描述多次发生在凯斯勒教授的实验记录中，在这场持续了10～15年的庞大实验当中，凯斯勒教授曾不止一次茫然地思考这个专案的真正意义。

因为他发现获得租房基金的两个实验组中，男孩和女孩的境遇是不同的。男孩通常被当成“不良少年”而远离排斥；女孩则会被认为是“弱势群体”得以照顾并保护。

这样的区别，使得参与实验的男孩们都很郁闷，甚至有些患了PTSD（创伤后压力症候群），而女孩子们却都很开心。

在凯斯勒教授的实验笔记最后，写了一段略带伤感的一话：“有时我真的不知道这个实验究竟是富人改变了穷人，还是穷人改变了富人？”

IN 视角

土豪的原意是地方上有钱有势的家族或个人，现在却带着各种隐含意味全世界走红，据称曾有专家提议将这个词加入《牛津词典》。现下各种社交平台人们都喜欢各种形式的炫耀，无论是炫吃炫喝，还是炫富炫美，都让人眼花缭乱，各种“土豪，我们做朋友吧”的高调宣言处处可见。有时只是为了调节气氛而已，有时却是借幽默的方式来表达自己的心声。其实，不管有没有土豪做朋友，只要开开心心、健健康康，自己就是土豪了。

实验79 猴子的数学水平

快眼看实验

地点	某研究所
时间	2014年
主持人	苏珊娜·洛克
目标	猴子是否会计算
特点	不知道有什么意义的实验
脱线指数	★★★★
可模仿指数	★★★（这年头猴子都会算数了，数学不好的孩子们，还好意思吗？）

全实验再现

研究所最近很萧条，没有新的课题对研究所来说等于断了粮食，大家都病恹恹地趴着坐着，还有无聊地打苍蝇、逗小白鼠的，要是所长看到了这个情景，恐怕是白胡子都要气飞了。

正当大家都昏昏欲睡的时候，有个人突然兴奋地大叫，“嗨！快来看！猴子原来认识数字！”

反正闲着也是闲着，大家都凑过去看他究竟发现了什么新大陆。那只猴子已经来了几天了，本来是要用它来做行为分析的实验的，结果投资人突然撤资，导致整个项目都搁浅了，可怜的猴子，每天跟大家一样闲得发慌。

研究人员把食物放在倒扣的两个盘子下面，盘子底部分别都有不同的数字，猴子只能看到盘子底部的数字，看不到盘子中的食物。可是几乎每次，猴子都会选择数字大的那个盘子，而且每次都兴奋地唧唧直叫。因为数字大的盘子中，恰恰是数量比较多或者比较好吃的食物。

大家顿时来了精神，在以往的研究中，研究人员还没有做过猴子是否会计算的实验，干脆，就研究这个方面好了！很快，大家就为这只聪明的猴子打造了一个可以进行实验的笼子。猴子有舒适的被褥可以睡觉，笼子的一侧有两排电子屏幕，上面会显示不同的数字或者符号，而电子屏幕连接的是外部的食物运送带。若是猴子算出了结果，传送带就会被启动，食物就会送进笼子，若是猴子算错了，那就什么都没有，还会发出警报声。

第一天，一群人兴冲冲地围着那个小笼子，电子屏幕上分别显示着数字4和8，猴子快速地选择了8，拿到食物后，猴子吃得很开心；接着，又尝试了2和6，结果这次猴子竟然选了2，在听到刺耳的警报声和看到一群人失望的眼神时，猴子龇了龇牙。接连做了五六次，竟然选对了一半，针对猴子究竟会算还是会猜，大家都还无法下定论的时候，猴子一边打着饱嗝，一边睡觉去了，任凭研究人员再放什么食物诱惑都不为所动，一群人面面相觑。

接下来的实验情况可想而知，猴子的数学能力发挥得如何，那得看猴子的心情和状态。当猴子饿的时候，正确率可以达到78%，但当猴子吃饱了，或者心烦意乱的时候，正确率只有30%～40%。之后，研究员们又从市场上买了几只猴子，发现，过了最初的适应期后，几乎每一只猴子都可以在用数字大小选择食物的时候，达到较高的正确率。在确认猴子果然是认识数字的基础上，研究员们升级了实验。

当猴子从睡梦中清醒过来，笼子附近已经围了一群人，这几天的实验，它已经习惯了这群奇怪的人面带各种表情，发出莫名其妙的欢呼声，于是慢慢走到电子屏幕前，肚子饿了，还是配合一下，有好吃的就行。结果，近日电子屏幕上并不是简单的一大一小两个数字，一边是“4+5”，另一边则是“8”，猴子愣了一下，一阵抓耳挠腮，正当大家都以为猴子完全看不懂的时候，猴子按下了“4+5”的按键。

实验人员后来又让猴子做了几次加法的选择，结果只做错了一次，研究员们兴奋地说：“我的天，猴子真是会做算术，如果它只靠猜测得出结果做出选择，不可能有这么高的正确率！”有人提出，也许猴子只是对数字的多次检测有了记忆，可是当实验人员把数字改为符号的多少时，猴子依然可以达到超过50%的正确率。

IN 视角

有趣的是，实验者在最后提出，这个实验研究的有效性还有待进一步验证，因为目前实验用猴都是公猴。当记者问到为什么不改换猴子的性别重新研究时，实验者窘迫地说，母猴大都在生产，价格太高，研究所只买得起公猴……如此经济窘迫的研究所，还在积极为科学做贡献，大家都鼓个掌吧！

实验80 想要减肥快，就降温吧

快眼看实验

地点	荷兰
时间	不详
主持人	沃特·范·马尔肯·里奇滕贝尔
目标	减肥的最佳方法
特点	造福民众的好实验
脱线指数	★★
可模仿指数	★★★★★（为主导该实验的团队喝彩，世界上很多人都在减肥这个问题上郁郁寡欢，原来这么简单！）

全实验再现

洁妮从七岁左右开始，就从小时候的豆芽菜悄无声息地长成了一个胖子。这是个略显伤感的过程，

但从洁妮从小到大的照片来看，一点也看不出她的忧伤。看来，循序

渐进地长胖对人的伤害并不大，可是如今，看着镜子里的自己，身上似乎到处都是一动都在抖的肉肉，洁妮也是十分头痛。

减肥对每个人来说，似乎永远都是不变的主题。胖子想减肥成瘦子，瘦子也想减肥，因为坚决不要变成胖子，而那些已经皮包骨头的，居然也在减肥，当然这些人，我们将其归类为脑筋不太正常的一类。

洁妮爱吃，属于虔诚的吃货，当然，大部分的胖子似乎都跟她是同类。所以，放弃美食，通过节食来减肥的方法绝对不适合她以及她的同类们。

其实，洁妮每次在享受美食时，都完全忽略了自己是胖子这个事实，在路过镜子的时候，往往也会刻意地把头转到一边装作没看见，但这些都不足以刺伤一个胖子顽强的心，刺伤洁妮的，是她暗恋了三年的学长。

毕业前，洁妮趁着酒劲前去表白，结果一不小心绊了一跤，生生把帅气的学长压断了一根肋骨，至今还躺在医院。

自从学长住院，洁妮日日在家拉上窗帘，扯着自己身上颤巍巍的肉肉，伤感无限。她在网络和电视上，疯狂地寻找能快速有效减肥的方法，均告失败。

这一天，洁妮进入一个论坛，一篇文章跳进她眼里，上面写着，“科学验证的有效减肥方法！我们理解那些脂肪陪伴多年的情谊，但现在，你必须跟它们说再见了！”煽情的句子抓住了洁妮，她拨打了电话，约定了前往参与减肥项目的时间。她来到一栋很洋气的小楼，只见窗明几净的房间里，有两台空调，实验人员穿着白大褂戴着口罩，更像实验室的医生。

洁妮了解了项目的过程，这个项目一共四周，每周四天，她要来到这个专门的房间进行减肥训练，跟大部分减肥项目一样，唯一不同的在于：每次在这个房间进行饮食和运动时，实验人员就会把两台空调都打开，将温度设定的比室外低5℃～8℃，洁妮要在这个稍冷的温度下，进行所有常规减肥项目。

一看到减肥计划，洁妮就有点灰心，因为之前她已经尝试过了节食、运动，但都无疾而终，或者好不容易有了效果，一停下来立刻反弹，可是在实验人员的说服下，她还是答应了下来。

一个月后，洁妮兴奋地发现自己已经有了S形的曲线，人也精神多了。她停了一周，居然没有反弹回去。保持这个状态的洁妮，四处与人分享这个减肥妙方，当然，也明白了自己参与的是个科学实验，她作为上百名参与实验的人当中那过半的成功者之一，已经了解并亲身证明，此实验的目的就是证明适当的寒冷更加有助于减肥的成功。

IN 视角

所以说，“三月不减肥，四月五月徒伤悲”这句话是有科学依据的，那些和身上的肉肉苦苦纠缠的胖子们，请寻找适度的温度。当然，全世界每个地方的气候都有差异，故几月是最适合你的减肥时间，请自行推算。

实验81 花生过敏孩子的福音

快眼看实验

地点	不详
时间	2014年
主持人	安德鲁·克拉克
目标	让那些对花生过敏的孩子也可以吃花生
特点	为了五颗花生，努力吧
脱线指数	★★★★★
可模仿指数	★★★★（经过半年治疗，孩子可以吃五颗花生，那么舔口花生酱还是有希望的！）

全实验再现

小罗伯特今年六岁，是个很可爱的孩子，人见人爱，金色柔顺的小卷发，白皙的皮肤，当他那双大大的眼睛水汪汪地看着你时，心都要融化了。他最喜欢穿着他的小板鞋、白T恤和蓝色牛仔裤，蹬着他的小自行车四处穿行。

“嗨！罗伯特！你的作业写完了吗？来我家玩吧！”一个小胖子对着小罗伯特喊着，小罗伯特碰到了新来的同学汤米，就开心地把自行车停在汤米家前院的草坪上，蹦蹦跳跳地跟汤米进了屋。

“你好，这是谁家的小帅哥？”汤米的妈妈看起来非常开心，对她来说，离婚后自己带着儿子，实在不是件容易的事情，还好汤米非常听话。刚搬来这个新小区，她都还没有时间去交新朋友，汤米可是比自己强多了，想到这里，她很想好好招待汤米的新朋友。于是，她对礼貌的小罗伯特说，“小家伙，你们去楼上玩，我去做点好吃的东西给你们。”

小罗伯特并不在意汤米的妈妈做什么好吃的，他只是很开心又有了一个新朋友，而且汤米是个非常可爱的小胖墩。两个人在房间里时，汤米从床底下翻出自己最爱的玩具和小罗伯特一起玩。

当听到汤米妈妈在喊“可以吃东西了”，两个小家伙欢天喜地地跑下楼。

餐桌上已经摆放了看起来非常美味的食物，三种甜点，两道主食，让两个小家伙大饱口福。

用餐的时候，汤米的妈妈看着两个小家伙满脸都是食物残渣，就去洗漱室拿毛巾，准备给他们擦一擦。

突然，她听到一声重物倒地的声音，然后就是儿子汤米的哭叫：“妈妈！妈妈！快来啊！罗伯特怎么了！”

汤米的妈妈急忙赶回餐厅，只见小罗伯特躺在地上抽搐，嘴角还吐着白沫，眼白都快要翻出来了。

她知道这一定是什么东西过敏导致的癫痫，一边懊悔自己在准备食物之前怎么就没问问清楚，一边打了911（美国急救电话），然后开始做急救。

在医院，汤米的妈妈遇到闻讯赶来的罗伯特家人，满脸都是懊悔和愧疚，小罗伯特的妈妈边哭边说：“他吃花生过敏！他不能吃花生啊！”

直到小罗伯特安全醒来后，汤米的妈妈才离开。

因为这份愧疚，汤米的妈妈回家后，在网上查询了所有关于花生过敏的信息，还发现有位教授有可能解决这个问题，通过治疗就可以实现，她立刻去与小罗伯特的妈妈分享。

小罗伯特的妈妈半信半疑地将小罗伯特送到教授那里进行诊治，经过六个月严格的治疗，小罗伯特终于可以吃花生了，只是医生说只能吃五颗。

无论如何，汤米妈妈的愧疚感终于可以消除了，两个孩子依然是非常好的朋友。

IN 视角

英国科学家近日表示，致命性的儿童花生过敏极有可能治愈。有花生过敏史的儿童可以每日服用一定剂量的花生粉，让自身逐渐对花生产生耐受性，进而可以食用一定数量的花生。

研究人员将进行相应的临床实验，目的是让有花生过敏史的人，对花生逐渐产生免疫。他们表示，这些受试者之前食用花生后，身体会发生致命性的过敏性休克反应，但随着实验的进行，最后他们将可以至少食用十颗花生而无任何风险。但这并不等于永久性治愈这种症状，只是服用一定剂量的花生粉可以维持人体对花生的耐受性。

实验82 精子居然是定时炸弹

快眼看实验

地点	某实验室
时间	2003年
主持人	安妮·格瑞丽
目标	找出阿佩尔氏综合征（尖头并指综合征）的病因
特点	每个男人都有一颗定时炸弹，当心随时会爆
脱线指数	★★★
可模仿指数	零（这个能不能模仿就不用考虑了。）

全实验再现

格瑞丽喝着咖啡，站在窗前出神，她已经不知道自己有多少个夜晚这样独自一人在实验室做实验了。

可是，每当她往自己从小就想要揭开的谜题方向前进的时候，却总是失败。她低头看看自己的手，虽然姿势依然有点怪异却灵活异常，回忆又一次如潮水般涌来。

从小，格瑞丽就是个特别的孩子，她生来就有一只手的第二和第三根手指是黏合在一起的，像一坨肉一样，连指头的形状都不明显，看起来怪异极了。父母痛心地四处求医，只得到一个“阿佩尔氏综合征”的结论。那是一种先天性畸形，非常罕见。可格瑞丽的父母都是正常人，家族里也没有人有类似的病症，不知道为何厄运之神会眷顾这个可爱的女孩，让她承担如此的不完美。

格瑞丽在五岁的时候，父母找到专家给她动了手术，两根手指是分开了，但依然保持一个怪异的姿态。倔强的格瑞丽因为从小总是被其他小朋友嘲笑，甚至没人和她一起玩，也有小朋友愿意和她拉手，手术做完后，她坚持每天做手指锻炼，终于，那两根手指可以和正常人的手指一样灵巧了。

大学时，格瑞丽毫不犹豫地选择了医学，她就是想找到她遭遇的不幸究竟因何而起。在毕业前准备实习时，她选择跟着有名望的教授，专门进行“阿佩尔氏综合征”病因的研究，可是屡屡失败，教授决定放弃这个课题。

格瑞丽也很无奈，但她跟教授商量，她想每天晚上自己在实验室继续研究。教授知道她很难死心，就同意了她的请求。从此之后，每天夜里，实验楼一个房间就一直亮着灯直到深夜，今日已经是第三个月了，连格瑞丽自己都开始迷茫是否选错了方向。

喝了一半咖啡，格瑞丽踱回实验台，看着实验台上一份份的精子样本，没错，早在20世纪90年代，就有牛津大学的研究人员发现，精子与很多遗传疾病有关，但她几乎研究了每个精子样本，都没有发现任何能造成“阿佩尔氏综合征”的迹象。

格瑞丽今晚有点烦躁，她将所有精子样本都混进了一个容器，扔在一旁，她已经打算放弃了。

突然，格瑞丽睁大了眼睛，难以置信地看着计算机屏幕里显现出的景象，完全没有注意到滚烫的咖啡已经顺着倾斜的杯子浇到了手上。她几乎是疯狂地扔下杯子，把那个混合了精子样本的容器，放置在显微镜下继续仔细观察。她终于发现，原来在每个男人的精子中，都会有突然变异的精子细胞，而累代的精子细胞的传递，则有可能造成那些极为罕见的病征发生，而阿佩尔氏综合征正是其中的一种。

实验结果一经问世，格瑞丽立刻声名大噪，她却就此退出了疯狂实验的舞台。解开了自己一直以来的谜题，她终于可以安安心心地做自己喜欢的事情了。

IN 视角

人们都说“唯女子与小人难养也”，实际上，男人才是最危险的动物。每个男人身上都埋着一颗定时炸弹，运气好，可能人到百年也不会爆炸，运气不好，恐怕是还没快活多久就已经爆炸了。但就研究结果来看，年龄越大生子，似乎在下一代爆炸的概率会更大一些，但即便如此，也只是小之又小的概率，不然怎么说“阿佩尔氏综合征”是非常罕见的病症呢？因此，当女人们将自己最美好时期的卵子储藏时，也建议年轻男士们考虑将自己的精子储存在精子银行，以备不时之需。

实验83

大脑在灾难面前的抉择

快眼看实验

地点	日本
时间	2011～2012年
主持人	拉吉塔·辛哈
目标	找出地震对大脑产生的影响
特点	战斗还是逃避，是自己的选择
脱线指数	★★
可模仿指数	零（灾难若是能被预知，秉着泯灭良知不通报的决心，才有可能复制此实验，但又有谁能做到？）

全实验再现

山岛今年大学四年级，到了要寻找企业进行实习的时间，他很想带着好友川崎一起去各种面试。无奈川崎终日坐在宿舍里不肯出门，忧郁症的情况也越来越明显，这让山岛非常伤感。

两年前，刚刚完成专业课程的山岛和川崎，因为好奇，一同参加了耶鲁大学医学院一个精神病学教授的研究。

那个自称拉吉塔·辛哈的教授是研究人类大脑结构变化的，两人和其他35名志愿者一样，都是日本大学的大学生，研究人员为他们进行了一系列的脑部扫描。

一年前，日本突发大地震，当时山岛和川崎正在图书馆复习功课，突然感到地面开始颤动，整个图书馆的灯都在摇摇晃晃。大家意识到是地震，纷纷向外逃散，而图书馆外的场景更是让人震惊，宿舍楼竟在众人面前缓缓崩塌。

山岛的一只胳膊骨折了，川崎的一条腿被压断了，但都不算重伤，在救治中都渐渐恢复了过来。

他们在医院接受救治时，当年做脑部扫描的教授又来到了日本大学，让研究人员为当年参与实验的35个人重新做了与当年完全一样的脑部扫描。随后，结果显示，他们每个人大脑中的海马体和眼窝前额皮质体积都明显缩小了，还解释说海马体是主管记忆的一部分，如果受损，不仅记忆会受影响，还有可能引起忧郁、精神分裂等现象。而眼窝前额皮质则与大脑传达关于情绪的命令有关，所以教授鼓励所有经历地震的学生们要坚强勇敢。

其实，所有听教授说要坚强勇敢的学生，都在心里骂教授：这辈子我都不想再经历这样的事情！还说什么坚强勇敢，能活下来就不错了！

在那之后的一年里，山岛和川崎以及当年接受脑部扫描的所有人经历了校舍的重建，课程的恢复，人生轨迹看似一点点回归到正常轨道。但每当夜深人静的时候，他们都知道自己曾经历过别人没有经历过的事件，那些回忆，依然会铺天盖地地席卷自己整个大脑。

这些人当中的某些人，如同川崎一样，慢慢变得越来越沉默，越来越不愿意与人交流，眼神越来越迷茫，似乎找不到人生的意义。而山岛本来也和他们一样越来越消沉，但有一天，当他看着好友川崎竟然在课堂上默默哭泣时，他突然就像被一把大锤重击一样，开始反省自己究竟是在做什么？虽然经历了灾难，但是活下来了，还有什么理由怨天尤人？究竟该选择面对并战斗，还是转身逃开？山岛选择了前者。

一年后，教授从这些人的脑部扫描结果中发现，尽管山岛的海马体持续萎缩，但眼窝前额皮质体积却增大了。

后来，在对37人的长时间研究中，教授得出结论：大脑是时时刻刻都在变化的，当人们遭遇灾难或是面临巨大压力时，大脑也在面临究竟是前进还是后退的两难抉择，最终选择哪条路，才决定真正人生的轨迹。

IN 视角

教授一开始进行这个研究时，根本没有想到会研究到这个方向，只是歪打正着找到了极好的课题。但问题在于，只有37人的实验样本，可信度究竟如何，还真是没办法说清。而实验的复制扩大却是难上加难，毕竟，谁又能预知灾难会在何时何地发生，就算有人或者有技术能够预知灾难将会在哪里发生，哪些人将会经历这场灾难，在完全无法控制灾难成本的情况下，去复制这个实验，只为得知这个实验的结果是否正确的话，这样泯灭人性的做法，我相信也不是常人能够做到的。

实验84 狗狗的快乐和悲伤

快眼看实验

地点	英国
时间	2000年
主持人	帕斯卡·贝林
目标	找出狗狗如何能感知人类的感受
特点	温情无限的实验
脱线指数	★★
可模仿指数	★★★★（狗狗是人类的朋友，我发誓不吃狗肉！没有买卖，就没有杀害！）

全实验再现

贝林从小就觉得自己和动物特别有感情，只要是小动物接近他，他就会特别开心。

从小到大，贝林都养狗，虽然已经送走了两个好伙伴，但悲伤过后，他会把所有感情都投注在新的狗伙伴身上。他觉得有时人类还会欺骗伤害，但动物完全可以懂他的心，也绝对不会伤害他。

如今的贝林是大学里神经学教授的助手，每天跟着教授进行人类神经系统的各种实验研究，而回家后，和自己的大狗亨利一起玩是最好的纾压方式。他有任何不开心或者郁闷的事情，都会跟亨利倾诉，甚至向心爱的女孩表白被拒绝时，他也是一边喝着啤酒，一边跟亨利诉说着委屈。亨利会默默地听，然后把头在贝林身上轻柔地蹭着，表示自己的同情和理解。

最近，贝林的导师进行了一个研究课题，这是多年前就已经开始却搁置很久的研究领域，是关于人类大脑"声音区域"的研究。所谓人类大脑的"声音区域"，被认为是人类语言进化的一个显著特征，是人和动物区别的一个特质。平日里，当听见朋友喊我们的名字时，即便没有看到他人，脑海中也已经率先浮现出朋友的样子，我们还可以根据这个朋友喊名字的声调，来判断出朋友喊你时的心情状态，这个能力靠的就是大脑当中的"声音区域"的判断和存储功能。

这一次，教授开始研究人类是否可以分辨出动物的叫声里传达的情绪。贝林非常兴奋，把自己的亨利带去当志愿狗，这项实验一共找来了39名志愿者，教授会给他们随机播放28种不同的声音，其中有女性的声音、婴儿的声音、男性的声音，还有亨利的狗叫声，而志愿者需要在听到每一种声音的时候，快速进行此声音的情绪判别。

经过实验，教授发现，无论是人类还是动物，只要发出短促的声音，都被认为是表达相对积极的情绪，而消极的情绪，通常都会用较长的声音来表示，而当声调突然升高时，通常表示非常强烈的情绪。

这个实验结果给了贝林灵感，他想起平日里和亨利的相处中的很多默契，就跟教授提议，也许还可以增加一个实验，了解动物是否也可以分辨出人的情绪。

教授觉得这是个有趣的想法，就同意了贝林的请求。实验当中，11只狗狗包括亨利也在其中，被分别带入一个房间，站在一个连接大脑扫描仪的台子上。实验人员给狗狗们播放200段狗和人类的声音，并打乱了排序，但声音中会有伤心、大笑、发牢骚、无聊等情绪，通过观看狗狗的大脑扫描图来甄别它们是否具有识别能力。

同时，另有11名志愿者也接受了完全一样的实验，而通过对这11名志愿者和11只志愿狗的大脑扫描图的观察，实验人员发现，原来人类和狗狗居然对声音具有同样的处理能力，且处理过程几乎都是一致的。

这个研究一下子颠覆了当时的科学偏见，也打破了"声音情绪判别"是人类特有的说法。

IN 视角

实验充满了浓浓的温情，我相信只有喜爱动物且和动物非常亲近的人，才能理解这个实验的真正意义。

这类实验并不疯狂脱线，但我们希望借此可以呼吁一部分人——"没有买卖，就没有杀害！"请尊重并善待人类的朋友——可爱的狗狗。

实验85 斑马的条纹外衣

快眼看实验

地点	亚洲、非洲
时间	2014年
主持人	提姆·卡罗
目标	斑马为什么长条纹
特点	仅仅为了威慑蝇虫，斑马硬是长出一身漂亮的条纹
脱线指数	★★★★
可模仿指数	★★★★（对人类或者动物来说，一个好的外表不仅是骄傲的资本，更是威慑利器！）

全实验再现

非洲大草原上有很多动物，有的每天四处觅食闲逛，有的为了躲避天敌奔波流浪，还有的仗着自己王者的风范，巡视领地驱逐外来者。

如果你每天有机会在草原上观察那些动物，你会发现非常多有意思的情景。

提姆·卡罗带领着自己的一个研究小组，深入亚洲和非洲的草原腹地，想要研究那些不同种类的动物们身上靓丽的皮毛和花纹都是用来做什么的。持续七个月的实验，让大家的心都系在了草原上，每天和动物们在一起，气氛和谐的时候，静谧温暖，让人感动到想哭，但当冲突到来的时候，被猛兽追着满草原跑也是有的，所幸有惊无险，最终都熬了过来。

在一边与动物生活，一边进行研究分析的过程中，卡罗发现动物身上的颜色和花纹，大多分为几类功用，最常见的就是为了融入环境，让自己的样子和颜色与周围熟悉的环境最为接近。这样可以最大限度地保护自己，不那么容易被其他具有攻击自己能力的动物发现，并发起攻击，例如很多鸟类以及犀牛、鳄鱼等。

还有一部分动物的颜色是为了控制自身的热量，只是这部分动物在非洲出现的概率相对较少，北极熊就是最典型的例子。一身厚厚的白色皮毛，就是为了吸收热量，让它可以在冰天雪地里依然保持自己的温暖和热度。

有些动物的花纹，是为了进行族群之间的交流以及择偶时的选择，很多漂亮的鸟类都是如此。当求偶季节来临时，这些鸟纷纷展开自己漂亮的羽翼，就是为了吸引最好的另一半。也有不少动物是为了在不同族群间交流时，用自己漂亮的花纹进行展示和沟通，来确立自己在族群内的地位。

实验研究一切都很顺利，可是当卡罗看到斑马的研究资料时，着实一个头两个大。整个研究小组研究了很久，也无法把斑马那一身美丽的条纹，归为任何一种已经证实的功能范围。

每天一群人窝在实验棚里，任务就是观察斑马的生活。

斑马每天优哉游哉地在草原上闲逛，走姿非常优雅，漂亮的条纹在阳光下泛着亮眼的光芒。可是实验棚里的研究人员们却苦不堪言，每天都在记录斑马的各种数据，忍受酷热不说，还有蚊虫肆虐，当真是过得不容易。

到最后，卡罗得出一个让大家都很囧的结论：我们已有的资料证明了，斑马条纹存在的作用，就是为了威慑吸血蝇虫，不让它们落在斑马身上！

当大家听到卡罗惊人的理论时，都表示不能理解。

卡罗解释说，对非洲的动物来说，吸血蝇虫绝对是可怕的存在，对斑马来说尤其如此，它们的血液更容易被吸血蝇虫吸取，而且每天大概会损失200～500CC的鲜血，更何况还有可能因此传播恶性疾病，造成整个族群的灭亡。

小小的吸血蝇虫无处不在，唯有对条纹状的物体会避开，所以说斑马的条纹，是为了威慑避开吸血蝇虫而存在的。

IN 视角

虽然这个实验单调，但实验人员得出了一个华丽的结论，看来动物世界也真是丰富多彩，充满了囧的味道。“驱蚊”居然也能在物种进化中发展出来，从常识来说的确令人难以理解。卡罗的实验，实际上并不能够算是足够样本数量的研究，所以在有效性上有所欠乏，几乎可以想见，卡罗在分析数据时，是有多么困窘和无助，很有可能是最后一拍脑袋，“算了！头发都快想没了！就这么决定了！斑马的条纹是为了驱蚊！”

就这样，斑马瞬间就变成了驱蚊高手。

实验86 驱蚊保卫战

快眼看实验

地点	英国
时间	2001年
主持人	詹姆士
目标	改变蚊子的基因
特点	蚊子将因吸血不能消化而灭亡
脱线指数	★★★★★
可模仿指数	★★★★★（被蚊香熏得七荤八素的，蚊子却还在继续逍遥四处吸血，强烈盼望科学家尽快普及推广此技术！）

全实验再现

詹姆士是生物系的实验助理，平日里总是喜欢泡在实验室里，就连导师有时也觉得他要“长”在实验室了，这时就会把他赶回家。

无奈之下，詹姆士把自家的后院改造成了实验室，那个曾经藤蔓萦绕绿草丛生的小院，硬是摆满了千奇百怪的实验设备和各种玻璃器皿，看起来有种诡异的和谐。

在导师眼里，詹姆士每天形单影只，只知道做实验，于是有一天，导师给他介绍了一个女孩，期望他能谈谈恋爱，通过爱情来让自己的生活变得正常一些，毕竟他只是一个22岁的年轻小伙子。

詹姆士无法拒绝导师的安排，就依约和女孩在餐厅吃了顿浪漫的晚餐。他对这个名叫玛塔的女孩还比较满意，玛塔也觉得詹姆士不错，可是唯一让她觉得不舒服的，就是詹姆士总是会不时在身上挠痒。

饭后，詹姆士鼓足勇气，邀请玛塔去自己家中坐坐，玛塔犹豫了一下，还是同意了。詹姆士的家很温馨，詹姆士让玛塔等他一下，然后跑到小院收拾了一下实验器具，点了两根蜡烛，还放了轻柔的音乐，同时打开了一瓶红酒。当玛塔走进小院时，觉得这里简直是个特别浪漫的世外桃源，这份惊喜让玛塔一扫心中那一点点的不舒服，詹姆士在她心里的分数顿时大大上升。

两人听着音乐，喝着红酒，惬意地坐在秋千上聊着天，很快就有暧昧的气氛在周围飘散。两人越靠越近，终于要吻在一起了，突然，詹姆士赏了玛塔一个耳光，虽然不用力，但玛塔当时就呆住了。她继而大怒道："你干什么！"

詹姆士窘迫地红着脸说："对……对不起！我只是……我只是刚才看到蚊子在你脸上，我怕它吸你的血，就想把它打死……"玛塔恼羞成怒，转身离去。

玛塔走后，詹姆士委屈地坐在秋千上，周围蚊子越来越多，这些都是他喂养的蚊子。最近他研究的课题是，如何更有效地防止蚊子吸血带来疾病，自己已经为此被叮了无数的包，每天都奇痒难耐。这个实验让他非常焦躁，一方面希望可以完成研究课题，一方面又希望尽快消灭这些蚊子，他尝试了许多种奇葩的驱蚊方法，可是都不管用，似乎他的血特别让蚊子感兴趣。

两个月后，詹姆士在与玛塔相亲未果的沉痛打击下，加大了实验力度，采用了更多、更为极端的方法来进行测试。他最终发现，或许可以通过改变蚊子体内的基因，让蚊子在吸血后无法消化血液。假如蚊子无法消化血液，就无法进行酶的分解和携带，自然也就无法传播疾病。而且，无法消化血液的蚊子也是无法存活的。

这是个两全其美的方法！詹姆士因提出此理论一举成名，但此技术至今也没有面世，从理论到实践，依然有漫长的道路要走。

IN 视角

网络上，杀死蚊子的方法千奇百怪，但詹姆士用自己的亲身经历告诉我们：“很多理想的实现都与爱情有关！”

实验87

失眠的超人

快眼看实验

地点	美国
时间	不详
主持人	雷切尔·撒拉
目标	失眠人群大脑的可塑性
特点	失眠是好事还是坏事，很难有定论
脱线指数	★★★
可模仿指数	★★（若是失眠的人，可以将大脑塑造成超级大脑，是否会像很多侠士一样解救人类？）

全实验再现

海莉今年32岁，正值事业的巅峰期，而她所在的公司也处于蒸蒸日上的阶段，需要她投入更多的精力。可是海莉却无能为力，空有一腔热情却无处使力，因为她是一名失眠症患者，无法正常睡眠导致了一系列症状，她的大脑似乎一直都在高速运转。这让她处在极度的焦虑之中，完全无法集中精力工作。

海莉尝试了许多治疗失眠的方法，都没有什么效果，而她的丈夫却是个睡眠极佳的人，每天一入夜，很快就能进入极为香甜的梦乡，而独留海莉一人睁着眼睛痛苦。

为此，海莉常常会对他发脾气，有时她自己也知道这是毫无缘由地争吵，好在她的丈夫是个脾气非常好的男人，也了解妻子的痛苦，总是忍让她的坏脾气。

最近，海莉的丈夫看到一则征询报道，招收夫妻共同参与实验研究，最好是其中一个人有失眠症的，保证可以找到症结，并提供治疗方案。海莉认为是骗子，丈夫说反正也试了那么多方法，不差这一次了，海莉无奈地同意前往。

来到广告中提及的实验中心，自称负责实验的撒拉教授说："各位！我们非常了解你们其中一部分人的痛苦，失眠不仅仅是无法享受睡眠的问题，更重要的是，睡眠带来的神经紊乱和惊人的兴奋感，并不仅仅是在夜晚，几乎是24小时时时刻刻都在影响你们的情绪。所以，我知道你们都非常希望可以有机会能香甜地睡一觉。我们的实验会帮助大家找到失眠的根源，让我们一起揭开这个谜底！欢迎你们！"

实验共有28名志愿者，几乎都是夫妻双方共同前往，有的是一方失眠，一方没有，有的则是两人都有失眠症，这28人中共有18人患有失眠症，而另10人则是正常的。

撒拉用TMS即经颅磁刺激，试图启动28人大脑中的运动皮质区域。当接收到这个刺激，他们的四肢会向特定的方向不受控制地运动。这些人的四肢都被绑上了加速计量运动幅度的仪器，撒拉表示，这是要观察他们可以在多久的时间内学会反方向地四肢运动，其实就是了解他们控制四肢的能力。这种能力来自于运动皮质的灵活度，而失眠症的患者，恰恰是运动皮质部位的皮质醇影响导致的。

撒拉惊讶地发现，参与实验的人中，那些失眠症患者的四肢适应时间要远远短于那10名没有失眠症的志愿者，这也就说明失眠症患者们的大脑运动皮质非常灵活。这是大脑可塑性极强的一种表现，但是这种可塑性究竟是好事还是坏事，他也说不清楚。

实验结束后，海莉满怀期待地问撒拉是否找到了有效的治疗方法，撒拉吞吐地说："呃，其实，我们的确是发现了失眠症产生的一些根源表现，你们的大脑是非常神奇的，也具有非常高的可塑性。这种可塑性可以让你们的新陈代谢加快，皮质醇含量上升，在这种状态下，你们可以创造很多东西。呃，当然，也有可能造成你们长期的焦虑。"

海莉听得云里雾里，打断撒拉说："教授！我想问的是，究竟是不是有方法可以治疗失眠症呢？"

撒拉又扯了一番医学术语，依然没有正面回答海莉的问题。

最后，海莉愤然离去。

IN视角

其实撒拉也非常郁闷，他无法对前来的志愿者明说，他实验的真正目的其实是观察TMS这个技术是否可以应用在疾病的治疗上。但若不是用漂亮的广告吸引那些人前来，又怎会有那么多失眠症患者忍着痛苦，专门前来参与他的实验呢？科学的道路上，永远也没有对错可言，参与实验的人们，也没有是非的选择，每个人有不同的目的和选择，但撒拉最终还是在研究报告上标注了：TMS是可以治疗忧郁症的，而且经由实验证明，也有可能治疗失眠症患者，至于何时，那是另外需要讨论的事情。

实验88

你愿意和我上床吗

快眼看实验

地点	佛罗里达州立大学
时间	1978年
主持人	拉塞尔·克拉克
目标	找出男女在面对性挑逗时的不同反应
特点	超前的实验却拖了11年才得以面世
脱线指数	★★★★★
可模仿指数	★★（充满暧昧的实验过程，很直接的实验结果，却苦于过于超前无法传播，得知这个实验的人也是各种郁闷啊！）

全实验再现

琳达非常喜欢春天的佛罗里达，校园里百花齐放，五颜六色且香气宜人，没有讨厌的坏天气，人的心情也不由地越来越愉悦。她喜欢戴着耳机，在操场上慢跑，每天一小时，在这个季节，似乎非常容易坚持这项平日里讨厌的运动。

这天傍晚，琳达照例在操场慢跑了一小时，倚在一旁的栏杆上，抽出一根烟点上，这个时候点根烟，听着音乐真的是无比惬意。

正当琳达闭着眼享受这一时刻时，感到有人拍了她一下，她睁开眼，一个年轻帅气的金发男孩微笑地看着她，示意她取下耳机。

琳达困惑地取下耳机，只听到那个男孩说："嗨！我刚才看到你在跑步，不由自主就被你吸引了，我跟了你一路，在我眼里，你简直美得让我无法呼吸。请问，你愿意今晚跟我上床吗？"

琳达当时的表情非常夸张，本来有个帅哥来搭讪是挺美好的一件事，可是帅哥最后问出那个问题，实在是让人生气，她哭笑不得，气愤地转身离去，扔下一句："神经病！滚开！"

同一时间，校园另一侧的湖边，约翰正百无聊赖地坐在湖边的长椅上，往湖里扔石子。宿舍里的其他男生都有女朋友可以约会，只有他居然在湖边扔石子。

当约翰扔了第11颗石子时，长椅的另一侧飘来一阵香气，他回头一看，一位婀娜的妙龄小姐坐在长椅上，对着他顾盼生情。约翰都看傻了，当他听到小姐说的话时，简直是心花怒放。

姑娘略带羞涩地对他说："你晚上想带我回家吗？"

约翰当时都笑傻了，抓着小姐的手说："好呀！好呀！不必要等到晚上，我们现在就可以啊！"然后抓着小姐的手就要往前走。

结果，小姐甩开了他的手，冷冰冰还略带鄙夷地对他说："谢谢你配合我的实验！再见！"独留下约翰呆呆地站在原地。

原来，这是心理学家拉塞尔·克拉克设计的一个实验。

当时的社会正处于变革期，他提出男性与女性在择偶时的差异表现源于生理上的不同，这一观点遭到了当时很多心理学家的排斥。

于是，他在校园中募集了五位女性和四位男性志愿者，分别伺机寻找异性搭讪，然后用露骨的语言来给对方性暗示。结果发现，被搭讪的16名女性全都拒绝了前来搭讪的帅哥；而同样16位被搭讪的男性中，却有12位接受了邀请。

克拉克兴奋地将这一实验结果寄往各大报社，希望可以尽快将其发表面世以证明自己的理论，结果媒体无一例外地拒绝了他。无论言辞多么委婉，对方表达出的意思均是“绝不可能发表这样的实验结果”。

直到11年之后，他的实验才被刊登面世，并引起轰动。BBC则在英国重复了克拉克的实验，并用隐密的摄影机将其记录下来，制作成了纪录片，克拉克的理论终于得以证实。

IN 视角

实验和很多事情一样，讲求“天时、地利、人和”，缺一不可，克拉克大胆地提出设想，实验的过程和结果都没有问题，可是就是少了“天时”这个条件。在社会大环境无法支持结论的前提下，再好的实验也只能被掩盖。

克拉克算是幸运的，他选择了人类进程史中人们必然要经历的困惑作为研究方向，所以结果才能在11年之后最终面世。在后来，研究结果引申为：面对性诱惑时，两性的不同表现是展现男人笨的间接证据。看来无论在什么时候，克拉克的实验都注定要站在风口浪尖上。

实验89 计算机的黑名单

快眼看实验

地点	芝加哥
时间	2008年
主持人	麦尔斯·韦尼克
目标	帮警察发现并解决问题
特点	人和人工智能的选择，这是个问题
脱线指数	★★
可模仿指数	★★★★（人类的发展必然需要人工智能的介入，只要能够很好地控制，确实可以造福人类。）

全实验再现

芝加哥城市中心霓虹闪耀，而附近的小城，相较之下就安静多了。

在夜里十二点，几乎家家户户都熄了灯进入了梦乡，只有街头昏黄的路灯投下的光晕还在轻轻抚慰着这个小城。

这时，街角的一间房子，突然传来“啪”的一声脆响，似乎是玻璃碎裂的声音，其他的房屋陆续亮起了灯。

有人骂了几句继续入睡，有人出门看了看，没发现什么又回屋继续睡觉。

那家破了玻璃的房子里，应该是没有人，始终没有亮灯，但随着周围慢慢又归于平静，房内亮起了微弱的烛光，一个相貌清秀的男孩，带着得意的笑容在屋里转了一圈，悄悄从窗口退了出去。

几天后，主人回家发现玻璃破碎，却没有发现任何遗失的东西，以为是哪个孩子恶作剧，就此作罢。

三天后，正在家里睡觉的戴维被敲门声吵醒，开门一看，竟然是芝加哥警察。警察对他说："戴维，我们随时会盯着你！如果你犯了罪，将会受到重罚！”戴维莫名其妙却惊恐地无言以对。

戴维只有16岁，是小城里出名的“小混混”，总是喜欢吓唬比他小的孩子，或者搞出点恶作剧来。他的父母离异，他一直跟着奶奶居住，奶奶年纪大了，也管不住他。但戴维从来没有过任何的犯罪记录，也没有真正地经历过任何的暴力事件。前几天打破玻璃的就是他，当时他只是跟其他小伙伴打赌看谁有胆量做那件事，而他没有偷取任何物品，并不构成任何犯罪事实。

一周内，芝加哥各地的“小混混”陆续都受到了警察的警告，全城的“小坏蛋们”都开始陷入了恐慌。因为所有人都知道了，芝加哥警方不知道用了什么方法，竟然发现了所有平日里有暴力倾向，或者可能是品行不端的人。这次警告也让所有“小坏蛋”都不敢再做坏事，因为他们知道警察会一直盯着他们，一旦他们做了任何违法的事情，可能很快就会被发现并抓起来。

实际上，这是一个名叫麦尔斯·韦尼克的教授发起的一项庞大的实验项目，韦尼克教授原本是配合美国军方进行资料分析工作的，鉴于美国的青少年犯罪率居高不下，又造成了更多后续犯罪率的上升，所以对于青少年暴力倾向的追踪，成为美国政府极为关注的领域。

2008年，美国国家司法研究所向警方推荐了这个项目，在韦尼克教授与芝加哥警方的配合下，芝加哥警方拥有了完整的数据库，并且用智能计算机搜索分析出了整个芝加哥地区，所有可能具有暴力倾向的青少年，于是才出现了故事开头的那一幕。

这个智能计算机分析出的“黑名单”一度让警方非常兴奋，但很多社会人士提出了可能随之而来的问题，例如对民众隐私的侵犯，以及计算机的准确性等。但显然从警方的角度来说，是不愿放弃能让他们省心省力的智能计算机的。

IN 视角

《疑犯追踪》中的哈罗德，作为人工智能之父，创造出了庞大的、可以监控一切并分辨威胁性的计算机，却未曾想到，他制造的计算机已经具有了自己的意识和分辨力，不再听他的指挥。人类的发展，总是经历着这样矛盾的时刻，人类希望像上帝一样可以指挥一切，又担心真的创造出上帝，无法自处，世界会被颠覆。人和人工智能，最终的界限究竟在哪里，还有待后续研究证实。

实验90 吸血鬼疗法现世

快眼看实验

地点	美国
时间	2013年
主持人	托尼·怀斯·科雷
目标	帮助老年人群逆转衰老迹象
特点	新时代的吸血鬼疗法
脱线指数	★★★★
可模仿指数	★★（返老还童不再只是神话，可是这吸血鬼疗法普及开来，却是很可怕的！）

全实验再现

艾伦的意识渐渐恢复，本想睁开眼看看周遭的情境，但大脑深处传来的一阵眩晕，让他只得放弃这个想法，继续放松让自己再缓一缓。十分钟后，艾伦慢慢睁开眼睛，一个医生模样的人充满期待地看着他，眼里的狂热和兴奋溢于言表。

艾伦吐出的第一句话是："我想起了很多年轻时的事情！"

咦？让他惊诧的是，他说出这句话的声音听起来并不像自己的声音，而且明显要年轻许多，仔细辨认倒是有点像年轻10岁的自己的声音，医生模样的人，拿来一面镜子递给艾伦，艾伦接过镜子拿到近前，立刻就被惊得睁大了双眼。

镜子中是一个50岁左右的男人的脸，眼角有着条条细纹，但肤质还算光滑，简直就和十年前的自己一模一样！

这一幕其实并没有发生，而是托尼·怀斯·科雷的想象。科雷是斯坦福大学研究自然医学的专家，一直致力于寻找到如何让那些日渐衰老且各器官逐渐衰竭的老人们能够有机会重获年轻的方法。

两年前，他组建了一支配备精良的研究团队，还拿到了经费租了实验室。

一切安排妥当后，由于他所设想的实验过于大胆，所以只能先从小白鼠开始进行。

科雷养了一箱刚出生的小白鼠，同时还有另一箱15个月龄大的白鼠。刚出生的小白鼠养到3个月的时候，科雷就让研究人员每天抽取一些它们的血液，同时，那些年龄大的白鼠已经差不多18个月大了。

研究人员将小白鼠的血液反复输给那些年龄大的白鼠，三周左右的时间过去了，年龄大的白鼠已经被输入了8次年轻小白鼠的血液。在科雷的各项测试中，这些年龄大的被输血的白鼠居然展现出智力的明显提高，而对照实验组的另一箱年龄大的白鼠，却在各项测试中没有任何改变，持续着衰老的过程。

科雷详细观察了那些摄取年轻小白鼠血液的年龄大的白鼠们，发现它们的海马状突起中形成了新的连接，这部分正是负责记忆和老化反映的脑区，这个大脑结构的改变，造成了衰老的年龄大的白鼠在记忆和学习方面能力有所提升。

科雷详细描述了实验过程，并将实验结果投给了《自然医学》杂志，他提出：“我们有数据显示，小白鼠体内的年轻血液能够增强突触的可塑性，尽管尚不知具体是哪种物质造成了这样的变化，但确实能够改变认知功能，建议向国家申请批准将此研究应用于老年人群和那些可能患有老化神经退行性疾病的人群。”

科雷大胆的设想震惊了世界，但鉴于这项实验的风险和伦理道德的尴尬，一直未能受到资助和批准。

IN 视角

科雷的实验，从新的领域带来了期待和可能性，但其不确定性也使之充满了风险。

最关键的一点是，万一这项技术真的被持续发展日渐成熟，那就是一个庞大的人工吸血鬼的制造基地。电影里那些吸取血液才能永葆青春的吸血鬼可能真的就会在阳光下光明正大地吸血了。

实验91 麦当劳成为最减肥食品

快眼看实验

地点	美国爱荷华州
时间	2013年
主持人	约翰·西斯纳
目标	连续90天每天吃麦当劳可以减重
特点	“垃圾食品”也需做到营养均衡地搭配
脱线指数	★★★★★
可模仿指数	★★★★（垃圾食品瞬间大逆袭，麦当劳从此可以理直气壮扬眉吐气了！）

全实验再现

西斯纳是美国爱荷华州的一名普通中学老师，负责教授科学课程。他非常热爱自己的职业，也很喜欢每天找些新鲜的东西分享给学生们。学生们都非常喜欢这个秃了半边头的老师，和他像朋友一般相处，常常会互相开开玩笑。

最近，西斯纳老师又开始闲不住了，一段时间没有新的东西尝试，他感觉整个人都不对劲。可是夏天即将来临，确实没有什么新的想法可以实施。

这天，西斯纳老师照例在学校附近的麦当劳买东西吃，看到麦当劳推出的新款汉堡，盒子上写着卡路里的数值，突然脑中灵光一现。

“大家都认为麦当劳是垃圾食品，很多父母都禁止小孩子去吃，或者严格限制数量和次数，实际上，也许这是种误解也说不定呢？虽然麦当劳的薯条、汉堡都是热量十足，但同样也有很多其他产品，如果每天控制好营养的均衡搭配，也许不会造成多大的伤害呢？反正我这肚子也够大了，就算失败了再大一圈也没关系。但若是成功了，那不仅是为麦当劳正名，你这店里的生意可能也会更加火爆的。”西斯纳老师向麦当劳的老板解释着自己的想法。

麦当劳的老板听后，毫不犹豫地答应了。

得到支持的西斯纳老师开始了自己的新计划，持续90天，每日3餐只吃麦当劳，但要将摄取的热量严格控制在2000卡路里之内。他查阅了很多营养搭配的书籍，确保自己每天都能摄入适量的碳水化合物、蛋白质和脂肪等营养物质。

西斯纳老师把自己的想法也分享给了自己的学生们，那些离了汉堡就活不了的孩子们兴奋不已，每天凑在一起帮西斯纳老师研究怎样才能搭配得更好。他们几乎研究透了麦当劳菜单中公布的所有数据，计算每款产品的营养配比，为老师制订了每天的饮食计划。

西斯纳在90天内的早餐基本是两个鸡蛋松饼、一碗燕麦片和1%的全脂牛奶，然后正常工作授课。午餐可以是巨无霸奶酪牛肉堡，下午授课后会有45分钟的运动，慢跑或是骑自行车等有氧运动。

晚餐通常是色拉这样的传统晚餐，偶尔还能加个甜筒或者圣代。

90天后，西斯纳宣布了自己此项实验的所有数据，竟然减下了37磅约17kg的体重，原本从上往下看不到脚面的大肚子，竟然消失了。最让他惊喜的是：原本高达249的胆固醇指数，竟然随着体重的下降降到了170！这绝对是意外的收获。

西斯纳老师在学校的先进教师评比中获奖，推荐语是："以身作则，通过亲身实践，向学生传递健康有效的生活方式。"而学校附近那家麦当劳老板更是笑开怀了，虽然免费给西斯纳提供了三个月的饮食，但随着实验数据的公布，这家店几乎每天都是挤破了大门，尤其是那些胖子们。

IN 视角

美国人真是既胆大又充满幽默感，麦当劳老板能答应提供三个月的免费餐，只为了验证一下结果，这种好奇心和幽默情绪，真不是每个生意人都能具备的素质。而西斯纳更是脑袋里充满想象力，且不说最终能达到怎样的效果，有这样的想法还能坚持下来，本来就是个了不起的人了！

实验92 核磁共振仪里的劲爆表演

快眼看实验

地点	荷兰
时间	1991～1999年
主持人	佩克·凡·安德尔
目标	呈现性交时的人体剖面扫描图
特点	小空间里大动作
脱线指数	★★★★★
可模仿指数	★★（那些喜欢寻找刺激且已经尝试过各种方式的人，可以尝试此方法，绝对印象深刻。）

全实验再现

1991年的某一天，医生佩克·凡·安德尔驻足在一幅核磁共振图像前陷入了沉思，那是一位歌手在唱歌时，被拍下的喉部的核磁共振图像。这幅图让安德尔想起了达·芬奇在15世纪末有一幅著名的解剖素描，这幅素描图可以清楚地看到男女在性交时体内的器官情况，但达·芬奇是从死人的解剖图中得到灵感而创作的，充满了想象的色彩。

性学研究者们，一直都致力于研究人们在享受美好时刻的过程中，体内究竟发生着怎样的变化，各种实验也因此展开。可是大多都是将人造阴茎或者窥镜，放入女性体内进行观察，但这些毕竟都脱离不了人为的痕迹，并不能完全说明双方在性交状态下真实的具体情况。

近来走红的美剧《性爱大师》更是公开探讨这个话题，引起巨大的争议。

安德尔是个不安于现状的医生，他开始思考，既然医学已经进步到可以用很多成像仪器探究人类体内的那么多情况，是不是也可以借此研究性交时人体内的器官情况呢？于是，安德尔开始向医院提出申请，想借用成像仪器，但院方觉得这个理由太过荒谬，根本不当一回事。

安德尔在医院游荡了一周，终于发现，医院的核磁共振仪是从来都不关闭的，唯一需要的，就是找到使用仪器的机会。他在另一位医生同事的支持下，与院方高层进行了多次交涉，终于得到了使用核磁共振仪的机会，但院方明确提出，若是调查起这件事，院方对这项实验所有细节均不知情。

一切就绪，只欠东风，对这个看起来有点搞笑的实验来说，有个重要的环节就是，得有实验参与者的配合。

安德尔找来了伊达和朱普，他们是一对街头艺人的恋人，习惯了在压力下的表演。毕竟，这项实验是要求他们必须赤裸地在狭小的核磁共振仪的箱体空间内，完成完整的性交过程。而且在开始及高潮部分，都必须保持静止，以让安德尔可以捕捉到图像才可以。试想一下，在嗨到极点时，突然有人喊一声“停！保持住”，让他们在如此状况下保持52秒静止，那是一件十分窘迫的事。

结束后，安德尔将实验结果发往各个医学期刊，但都遭到了拒绝。很多专业期刊甚至怀疑，安德尔是不是人为捏造了这样的文章来开玩笑的，绝对不能为他毁了专业领域的名声。

最后，终于有一家名为《英国医学杂志》的期刊，同意发表其实验结果。但这家期刊提出，该实验只有一对实验对象，资料太少，结论不够科学。

倔强的安德尔四处发布广告征询实验者，甚至开出了大额支票的诱惑，最终找到了8对夫妇来参加这项实验，并记录了详细的实验过程。

在实验当中，参与实验者均反映出强烈的不安情绪，尤其是男性。让他们在那个只有50cm高的狭小箱体内，完成勃起并保持直到完成扫描，是件非常困难的事情，这个尴尬的情况，使得实验无法正常持续完成。

安德尔的困惑，直到1998年，荷兰的市场上出现了一种名为“万艾可”（在国内叫伟哥）的药物才算得以解决。又经过了几次失败的尝试后，有两名男子在服用伟哥后，终于在一小时后，完成了一个成功的实验。

《英国医学杂志》依约在1999年的圣诞期刊上，刊登了安德尔的图像及他的实验，并且配上了性交过程中的横剖图像。

安德尔一举成名，因此获得了一项“搞笑诺贝尔奖”。

IN视角

作为一名医生，还能获得幽默界的诺贝尔奖，那可真是搞笑派里最懂医学的，医生里最搞笑的经典范例了。安德尔获奖后，有其他医生提议，此实验应该让色情片演员来参与更为适合，因为他们经过特别训练，可以比较容易完成实验。也有人提出了技术问题，那就是在核磁共振仪里那么小的空间，究竟是否可以真正开展实验所需的“活动”，假如换一个空间宽敞的场所，实验结果是否又会有所不同呢？

实验93 睡姿决定幸福

快眼看实验

地点	英国
时间	2014年
主持人	理查德·怀斯曼
目标	情侣睡觉的距离与生活幸福的程度
特点	距离越近，幸福越近；距离越远，幸福越远
脱线指数	★★★★
可模仿指数	★★★★（贴紧吧，恋人们，幸福列车会带你们一同翱翔，就算脱轨，也能实现生死相依的誓言。）

全实验再现

世界上最遥远的距离，不是你在天涯，我在海角，而是入睡前，你依偎在我怀中，醒来时，我面前却是你的臭脚。

网络上天天都有关于幸福的探讨，情侣们怎么做才能更加幸福，然而，各种幼稚建议却引领着恋人们，心甘情愿奔往那些推荐条例，果然是恋爱期间智商会下降。

其实，关于幸福的探讨，确实是有科学依据的。心理学家们就是专门干这件事的，他们最喜欢研究人与人之间那些微妙神奇的关系变化。

英国是感情内敛的国度，英国人基本也都是闷骚型的。为了证明网络上那些“从睡觉姿势判断性格”等类似的、不知是否严谨的理论，赫特福德郡大学的心理学家怀斯曼教授主导发起了一项庞大的实验调查。他共招募了1100人参与，可谓参与对象极为广泛。

调查一开始，立刻引起了民众的强烈兴趣，恋人们更是强烈地渴望得知，究竟以怎样的睡姿和恋人一同入睡，才是通往幸福康庄大道的快捷方式。只是苦了那些有强迫症的人，在实验结果公布前，几乎已经无法入睡了。

参与调查的恋人们，需要准备一台录像机，从入睡时开始拍摄，然后在醒来时关闭，接着截取影片，以观察睡觉的姿势和彼此的距离。同时，怀斯曼教授还让参与调查的恋人们，都分别填写了一份经过详细论证的问卷调查，还在其中放入了一些测谎的题目，以防止有人为了讨好对方，而故意填写好的方面。怀斯曼通过问卷可以收集整理出恋人们彼此的感情深浅程度及两人生活的幸福程度。

精神病学家塞缪尔·邓克尔曾经研究发现：如果人们的睡觉姿势像婴儿一样蜷缩的话，通常是因为内心的焦虑；如果只是膝盖弯曲，类似半婴儿状态睡姿的话，是平和且容易妥协的人；如果喜欢平躺着睡觉，通常这类人会非常自信；如果是趴着睡觉的人，多半是完美主义者，当然，也有人提出，这些可能是胸小的女性。

怀斯曼教授将影片及问卷结合后，最终得出了调查的结果。无论何种睡觉姿势，情侣们睡觉的距离，如果能够控制在1英寸即约2.5cm的范围内，将会更加幸福开心，若是能加以触摸的话，那将会更加和谐幸福。也就是说，幸福可以很远，也可以很近，2.5cm才是最幸福的黄金分割线。

调查结果问世后，引发了民众的广泛讨论。这个黄金比例的数字实在让人有点囧，有些人睡觉真的像打仗一般，晚上入睡时温婉地跟正常人一样，早上起来不仅发型吓人，那睡觉姿势更是难以用正常词语形容。

怀斯曼教授也提出，调查发现86%的情侣，睡觉距离都在2.5cm以内，当然还有66%的情侣也算生活幸福，他们的睡觉距离在30英寸，即76cm左右。

IN视角

这是个有趣且温情无限的实验，一切的美好似乎都可以从实验中得到。关于触摸彼此会更加幸福的论点，举双手赞成，只是睡姿无法控制，想象着两个完美主义者，该如何缩短这幸福的距离，是手牵手、脸对脸呢，还是叠罗汉呢？

实验94 脱衣舞娘的言论自由

快眼看实验

地点	拉斯韦加斯“小美人”俱乐部
时间	1995年8月19～23日
主持人	丹尼尔·林茨
目标	脱衣舞与观众的距离，是否违反了宪法中关于言论自由的规定
特点	艳光四射、无限旖旎的实验
脱线指数	★★★★★
可模仿指数	★★★★（对男性朋友们来说，能参与这个实验绝对是欢欣雀跃啊！）

全实验再现

不夜城拉斯韦加斯夜夜笙歌，无论什么时候都灯火通明，越是入夜越是热闹。而最热闹的除了赌场之外，莫过于那些有脱衣舞表演的俱乐部了。在这其中，“小美人”俱乐部算是翘楚了，每天都是人满为患，需要提前一周预约才可以入场。虽然高额的入场费让很多人望而却步，但俱乐部的老板每天赚得盆满钵满，笑得合不拢嘴。

1995年8月19日，“小美人”俱乐部来了几位文质彬彬的客人，客人们并没有观看脱衣舞表演，而是直接约见了老板。老板很奇怪地接待了这几个人，心里还在纳闷，“莫非有什么调查不成？”结果，他们提出了一个让老板哭笑不得的要求。

在美国，宪法就是至高无上的存在。而在宪法当中，有一项要求与民众有非常密切的关系，那就是“言论自由”。这是一项完全不可侵犯的权利，任何对民众表达观点造成限制的规定，都是违反宪法的。

由于许多人反映，舞女在夜总会的表演会对观众有色情信息的暗示，建议法律能出台相关规章进行制约。但也有人提出，如果是国家以法律形式，禁止舞女们在俱乐部里表演中完全脱光衣服，是不是也是触犯了舞女们言论自由的权利呢？

针对这个奇葩的想法，美国各州法院也开始了思考。许多法院认为，在夜总会跳脱衣舞的禁令，以及对舞女和观众之间极限距离的相关规定，并没有违反宪法的地方，因为这些法律条款，并没有改变舞女向观众传达色情信息的行为实质。而在两相争论当中，加利福尼亚大学的丹尼尔·林茨和几个同学抓到了一个绝好的契机。法律的这些条款制定以及人民的讨论，根本就是纸上谈兵，没有任何现实依据，于是产生了去拉斯韦加斯进行实验论证的想法。因此，才出现了与“小美人”俱乐部老板沟通，想在他的俱乐部当中进行此项实验的要求。

实验开展前一周，林茨找了8名愿意参与实验的舞女，让她们接受了专业舞蹈老师的培训，学会了如何刚好卡在演出开始后的三十秒时，就能刚好完全脱掉她们的黑色连身裙的动作。

接下来，舞女们可以自己随意，既可以全裸进行表演，也可以穿着内衣内裤进行表演，完全视她们自己当下的心情和感觉而定。

林茨从外面排队的观众中，挑选了24名男性作为被试者，当他们走进俱乐部，得知可以免费观看三分钟的演出时，都欣喜若狂。

24名男性被试者的年龄，分布在18岁到65岁之间，他们被要求坐在台下观看三分钟的表演，与舞女的距离由舞女自由发挥控制。演出结束后，他们需要填写一份问卷，以此来了解观众在观看脱衣舞后的感觉。

林茨和几位同学统计了24名被试者填写的问卷的答案，得出结论：在色情交流方面，一丝不挂和半裸有着截然不同的区别，相较来看，观众在观看全裸的表演时，会更容易获得色情信息。

IN 视角

能想出把脱衣舞娘和观众的互动，与宪法的言论自由扯在一起，恐怕也真的是闲得发慌了，又一个NO ZUO NO DIE的范例啊！

实验95

汉堡也能让你嗨起来

快眼看实验

地点	法国
时间	2008～2009年
主持人	乔凡尼·马尔西卡诺
目标	为何人在吸毒后会狂吃垃圾食品
特点	汉堡躺着也中枪
脱线指数	★★★★★
可模仿指数	★（请尊重可怜的小白鼠们那点“鼠权”好吗？）

全实验再现

实验室里光洁如新，一切几乎都是以白色调为主，一侧的玻璃隔板后是喂养的实验小白鼠，每只身上都标有一个号码，以区别辨认。玻璃橱柜里，都是一袋一袋标记好数字和名字的实验数据。

这是波尔多大学神经系的实验室，神经学家乔凡尼·马尔西卡诺和他的研究团队平日里就在这里工作，很多神经领域的新实验，也都是从这个实验室展开的。

最近，马尔西卡诺教授想到了一个新的研究课题，因为他发现，自己每天只要在早晨上班途中吃个散发着肉桂香气的汉堡，就会感觉一天都很有精神，而长跑运动后，也是特别想吃个汉堡。想起自己曾看到贫民窟街头那些小混混，一边嗨着，一边啃着麦当劳，马尔西卡诺教授便突发奇想，为什么人们会在特定的时刻，狂想吃垃圾食品呢？

他认为，人体内可能有一个类似于饥饿感受器的东西，一旦有外界刺激，触碰了这个饥饿感受器，人就会特别想要吃垃圾食品来快速补充能量。但显然一开始不能拿人做实验，于是实验室里那些小白鼠又成了最佳选择。

小白鼠78号和79号被选出来进行这项实验。它们被注入了四氢大麻酚，这是人类吸食大麻的一种主要作用成分，用以模拟人类吸食大麻后的反应。小白鼠78号刚完成注射不到两分钟，就开始不住地颤抖，全身的毛都竖了起来。马尔西卡诺教授观察小白鼠的眼睛时，发现瞳孔完全扩散开来，没有了焦点，小白鼠抖动了三分钟左右的时间，就倒在一边气绝而死了。

小白鼠79号原本被放在另一只笼子里，等待78号的实验完成后轮到自己。它看到那副场景，当时就抓狂了，在笼子里疯狂地吱吱叫，并且用头撞笼子。可是79号小白鼠还是被研究人员拿出了笼子，放入78号小白鼠刚才待过的笼子，这个小白鼠紧紧贴着笼子的一侧，避免靠近78号死亡的地方。

研究人员经过商讨，认为是四氢大麻酚的剂量过大造成了小白鼠的死亡，于是减少了剂量，给79号小白鼠注射了进去。79号小白鼠在注射过程中，一直睁着眼睛看着研究人员，注射后很安静，但恶狠狠地继续盯着给它注射的研究人员，等待着死亡的到来。两分钟左右，79号小白鼠也开始了抖动，奇怪的是，这个小白鼠并没有任何痛觉，而是感觉整个大脑像是爆炸了一样，晕晕乎乎，不由自主地兴奋起来。

研究人员看着笼子里那只兴奋的小白鼠，满笼子跌跌撞撞地四处晃，头也摇来摇去，跟酒吧里那些吃了摇头丸的人极为神似。一旁连接计算机的线形图显示，79号小白鼠的大脑正处于极度兴奋状态，都是直上直下的图像。

整个过程持续了约五分钟，小白鼠终于安静了下来，没多久又开始四处游逛，但这次看起来显然是清醒的。研究人员放入了一些面包屑，小白鼠疯狂地用小爪子扒着迅速就吃光了。

根据计算机的显示统计，马尔西卡诺教授在实验报告上写道："白鼠大脑嗅球中，有一种既负责感知四氢大麻酚，又能激起食欲的感受器，无论是禁食还是吸毒，都可以启动这个感受器。人类的大脑过程显然要复杂更多，但相同的机制若是发生在人身上，就可以帮助科学家研发出很有效的减肥药。"

IN 视角

科学家有时确实是闲得发慌，似乎不给自己找点事情做，就对不起实验室和自己的专业。其实无论是否吸食大麻，任何消耗能量的活动之后，人们都会产生饥饿感，汉堡确实是补充能量最为适合的食物之一。而马尔西卡诺教授的设想还真实现了，欧盟审核通过了一种叫作"利莫那班"的减肥药，但由于其强烈的副作用，最终还是被迫退出了市场。只是可怜了小白鼠，招谁惹谁了要受这般罪，完全没有"鼠权"可以申诉。

实验96 强颜欢笑的背后

快眼看实验

地点	某大学
时间	1988年
主持人	弗雷兹·斯特拉克、伦纳德·马丁和撒宾·斯特普
目标	证明微笑和其他脸部表情，会对情绪造成积极或消极的影响
特点	神级研究人员用奇葩方法测试出奇葩理论
脱线指数	★★★★★
可模仿指数	★★★（实验很容易，样本数据很重要，最重要的是，该笑就笑，该哭就哭，别管那么多！）

全实验再现

相信很多人都有过失落伤感的时刻，在那些时刻，总是会有人问你："你还好吗？"这是个很难回答的问题，很多人都会以微笑作为响应，这应该是许多人都曾经历过的。

可是，针对这种经历，万能的科学家在脑子中萌生了一个问题：人之所以微笑，究竟是因为真的开心，还是因为想要变得开心？回答的人可要小心了，这是个大大的陷阱。《社会心理学实验期刊》有研究显示，如果你认为某个人微笑是因为想要变得开心，那你从今以后再微笑的时候，可就再也不会真的开心了。

1988年，有三个奇葩的心理学研究者，想到了一个奇葩的实验，想验证一下人们的微笑究竟是因为开心引起的，还是他的微笑产生了开心，如此拗口的内容，实际上有个理论名称——“脸部反应假说”。这个理论认为，人的微笑和其他的脸部表情，会对人的情绪产生积极的影响。

为了证明这个理论的正确性，心理学家弗雷兹·斯特拉克、伦纳德·马丁和撒宾·斯特普找来一批志愿者参与实验。

实验当天，志愿者被分为两批，分别在两个独立的房间，房间里有一个沙发和一台电视机。

房间的门上写着一号和二号两个数字，一号房间的实验参与者，被要求用嘴唇含住钢笔不能动，然后观看了一段20分钟长度的搞笑卡通片；而二号房间的实验参与者，则是被要求用牙齿咬住钢笔不动，然后观看卡通片。

结束后，每位实验参与者都要完成一份问卷以观测其情绪状态。

结果显示，用牙齿咬住钢笔的参与者，普遍表现比用嘴唇含住钢笔的参与者要更为开心。

研究人员称：这是因为用牙齿咬住钢笔时需要用到和微笑时用到的相同的一组肌肉，而用嘴唇含住钢笔时，那块肌肉是无法活动的。

后来的心理学家认为，当时的实验过程过于单一，并没有对照组作为参考，于是又参照此实验扩大了实验人群。

在某大学当中，85名在校大学生参与了这个口含钢笔实验，同样被分为两组。一组参与者被研究人员称为是证明“反应式微笑理论”，就是当他们将钢笔放入嘴里之前，就已经被告知微笑是因快乐而产生的自然反应；而另一组被研究人员称为“前摄式微笑理论”，他们在口含钢笔之前，被告知微笑这个表情是为了让自己高兴而产生的。

实验中，实验人员要求参与者发出特定的元音，来强迫他们在口含钢笔的状态下做出微笑的表情，同时会给两组人展示搞笑的图片，告诉他们看到有趣的就可以笑出来。一共展示了十张图片，其中有搞笑也有不搞笑的，结果显示，展示搞笑图片会让更多参与者们发笑，“前摄”组那些被告知微笑只是为了表示开心的参与者，心情却更差了。

整个实验对外公布的结论是：强迫心情低落的人发笑会得到适得其反的效果。

IN 视角

人在强颜欢笑的时候，难道还需要验证开不开心吗？

单单就实验本身来说，除了这个无厘头的探索主题，其清晰的思路、庞大的样本群、完整的数据和实验过程，的确是一个挑不出毛病的好实验。

试想一下，如果一个人在心情不佳时，强迫自己微笑，实际上是一种积极的情绪暗示，但想要变得快乐时，却突然想到这个理论——“其实没什么值得高兴的事”，顿时觉得再也不会快乐了！

实验97 关于最痛的实验

快眼看实验

地点	美国
时间	不详
主持人	迈克·史密斯
目标	弄清疼痛对人的影响
特点	神级脱线的科学家做出史上最无厘头的实验
脱线指数	★★★★★
可模仿指数	★（这个……这个到底能不能模仿？如果你有受虐倾向，也许真的可以试试。）

全实验再现

史密斯是康奈尔大学研究蜜蜂行为与进化的研究生，由于没有女朋友让他费心思去邀约，所以他待在实验室的时间就比较多。在独自一人的时候，他往往穿着拖鞋、大T恤、短裤就去实验室了。

这天，史密斯又是一个人百无聊赖地在实验室工作。当他打开蜂箱时，想起有样东西没有拿，就转身去取，可是忘了关蜂箱的门，当他拿好物品开始实验时，一阵突如其来的疼痛，让他差点一挥手砸了显微镜。原来，一只偷跑出来的蜜蜂，在他的阴茎上狠狠叮了一口。

但最让史密斯惊诧的并不是蜜蜂如何偷跑出来，也不是它为何选择了那个隐私部位叮咬，而是想象中那要命的痛，竟然没有那么强烈！惊诧之余，史密斯觉得肯定是自己刚才过于专注实验，并没有认真体会那种痛觉，于是又用钳子夹着蜜蜂对另一侧的阴囊扎了下去……这次，史密斯认真体会着，并等待着疼痛的来临，但实际上虽然很不舒服且有痛觉，但和他想象的痛感差了很远。

这下史密斯来了兴致，他突然想到一件事，前有贾斯汀·斯密特著名的"斯密特叮咬疼痛指数"，却没有细致到蜜蜂叮咬不同部位的指数，那么蜜蜂如果叮咬人类的话，究竟哪个部位会最痛呢?

这个脱线的未来的科学家，为自己制订了一个奇葩的实验计划。由于他预测可能找不到实验者，而史密斯自己又特别想要快速找到结果，于是他将自己当成了实验对象。于是乎，又一个拿自己做实验的脱线科学家诞生了。

连续38天，史密斯想尽了各种方法，用镊子夹住蜜蜂的翅膀，然后将其放置在自己想要测试的部位，持续一分钟的时间再挪开，给蜜蜂充分的时间叮咬，然后将疼痛程度以1到10分进行评分。

每天早上九点到十点之间的一个小时，史密斯坚持拿着蜜蜂在五个部位叮咬。刚开始都是偷偷做实验，后来被导师发现问出缘由后，导师只对他计划要用蜜蜂叮眼睛的尝试表示了强烈反对，因为那样做眼睛肯定会瞎的。最终，史密斯放弃了这个部位的实验尝试。

史密斯得出了实验结论：蜜蜂叮在生殖器官上的疼痛指数和叮在手掌、脸颊相比是一样的，约为7.3，但实际上，蜜蜂叮完最痛的是鼻子，指数达到9.0，其次是上嘴唇，为8.7。

当记者采访这个被叮得一身包，却很兴奋的科学家时，史密斯表示："其实这个实验最难的不是忍受疼痛，而是每天对着镜子，得想办法变换姿势，以达到让蜜蜂叮咬到设想的特定部位，那也是最有意思的部分……"

IN 视角

想象一下，一个裸男小心翼翼地夹着蜜蜂，对着镜子扭来扭去，然后对着自己的屁股，小心翼翼地将蜜蜂放上去，从镜子里看去，眼里闪着兴奋的光芒，那该是多么诡异的场景啊！但这个实验毕竟只有一名被试者，并不能真正展现疼痛指数的实效性，毕竟每个人对疼痛的认知和感受是不同的。

实验98 闻耳屎也是一门学问

快眼看实验

地点	美国费城
时间	2013年
主持人	乔治·普雷蒂
目标	透过耳屎气味辨别种族
特点	苍天大地，多么无聊的科学家，才会想到去闻每个人的耳屎呢
脱线指数	★★★★★
可模仿指数	★★★（实验材料广泛易获取，操作简单，难的是保持淡定，纯粹科学的心态。）

全实验再现

可能有一些好奇心强的小朋友，常会对自己的身体进行探索，来自自己身体的任何东西，总是喜欢摸摸闻闻，似乎这样可以更多地了解自己的内心，比如，身上起了小包，他们会给它画个十字架，把鼻屎捏来捏去，捏成一团弹出去，耳屎挖出来抖一抖……许多小朋友都这么做过，他们对这些事情的探索过程也充满了无限的欢乐。

不料，竟有科学家也对这些成年人远离的东西产生了浓烈的兴趣。

普雷蒂是费城一家化学感觉研究中心的博士，他每天和同事在实验室里进行各项实验研究，用以查找人体究竟有哪些东西可以用于证实个人身份。

他们对各种实验对象进行了研究，有一次，他们无聊地用耳屎来进行测试，居然发现，原来简单地测量耳屎就可以确认人们的种族、性取向甚至是健康状况。

起因是这个化学研究中心曾有化学家研究证实过，人类腋下的气味可以传递个人的大量信息。例如，亚洲人的腋下通常出汗较少，气味相对较淡；而白色人种的腋下，出汗较多且气味较为浓烈。这就是为什么外国人总是喜欢用浓浓的古龙水。

于是乔治猜想，既然腋下的汗液味道，可以传递那么多的信息，也许其他的排泄物也可以。鼻屎似乎可以往后排一排，于是，耳朵里那些调皮的东西，就变成了实验的对象。因为耳屎本身就是由特殊的汗液和皮脂腺分泌出的脂肪物质相结合而产生的混合分泌物，通常在潮湿时呈现黄褐色的蜡状物，干燥时则是白色的蜡状物形态。

为了测试耳屎是否真的和自己想的那样，有特殊的气味并且携带人体信息，乔治带领小组收集了六位健康男性的耳屎，当中一半是高加索人，另一半则是亚洲人。

研究人员将每人的耳屎样本，分别放进一个玻璃小瓶，微微加热半小时，使其可以有时间释放挥发性有机物（VOCs）的空中传播分子，结果发现，大部分的耳屎样本是有不同气味的。

而小瓶的另一侧，连接着一个具有吸收功能的装置，用于采集耳屎样本挥发的有机物，然后对这些化学成分进行分析。

实验结果显示，所有的耳屎样本都具有挥发性的有机物，但是两组不同人种的挥发性有机物指数是不同的，高加索人的指数是11，而亚洲人的指数则为12。

这种差异让乔治很感兴趣，他认为这可能是因为不同人种在不同的环境下生活，耳屎中的脂肪属性可能会随之改变，而通过了解这种改变的因素，就有可能辨别出此人周围的健康环境及疾病发生情况。

所以，用耳屎辨别人体的健康状况，将是极具价值的。

实验结果一经问世，立刻引起广泛关注，美国很多科学媒体都纷纷效仿并争相刊登，有家媒体非常幽默却写实地写道："耳屎又黄又黏，很遗憾地告知各位，真的不好闻！"

IN 视角

呃……原来真的有人尝试学习闻耳屎，不过，该实验的研究中心是通过耳屎挥发物来检测气味，并不是直接上去就闻。今后若是见到第一眼辨别不出人种的朋友，你可以严肃地走上前对他说："这位朋友，请给我挖一点你的耳屎吧！"然后，无比"享受"地闻上半天，高兴地说："噢！原来你是亚洲人呀！"

实验99 盒子并不只是盒子

快眼看实验

地点	德国
时间	1935年
主持人	卡尔·邓克尔
目标	克服思维的定式
特点	思维这个东西，有人是无边泳池，有人是四方的澡盆
脱线指数	★★★
可模仿指数	★★★★（这样的实验值得推广，打破思维定式，人生无极限。）

全实验再现

肖恩走进一个房间，房间内有一张长桌，一把椅子，长桌上摆放着一盒半开的火柴、一把小图钉、三根蜡烛和一张纸。

肖恩站在桌前沉思，他在进房间之前，已经被告知他的任务是要将蜡烛固定在视力可及的平行高度，并且要求在蜡烛燃烧时，保证蜡油不滴在地板或桌子上，否则会引起火灾。

这是德国心理学家卡尔·邓克尔著名的蜡烛实验。

那时的邓克尔只有30岁，是单身男士，因为对心理学的强烈兴趣，每天都在做各种钻研，希望可以在自己喜爱的领域有所成就。可是，经典的理论似乎都已被前辈们发现提出，沿袭下来很难再有创新，何况当时的邓克尔只是个没有任何经验和背景的穷小子。

邓克尔租房的房东很欣赏他，觉得他机灵聪明，还懂得孝顺老人，就想把自己内向的女儿嫁给邓克尔，还常常创造机会让两人在一起相处。

有一天，房东又找借口留了女儿和邓克尔两个人在家，自己跑去邻居家聊天。女儿和邓克尔其实都心知肚明，怎奈两人都很内向，说不出肉麻的情话，只是坐在沙发上有一句没一句地聊着。

房东离开时为了让两人轻松些，特意将电闸拉了，只在餐桌上留下两根蜡烛，希望烛光晚餐可以促进两个年轻人的感情。

这种时候，坐在沙发上聊天，烛光实在是过于昏暗，两人越聊越觉得尴尬。邓克尔提出要不给她看看自己小时候的照片，但需要把蜡烛挪到沙发旁。房东女儿羞涩地应声，并去拿来了蜡烛，这时她面临了一个难题，她家的沙发刚巧在墙角，四周并没有桌子可以摆放，想要看清照片，最好的位置是放在沙发旁的墙上。这下可难倒了房东的女儿，这蜡烛不停滴着蜡油，要是滴到沙发上，那可就照片没看成，自己也要变成黑白照片里的人了！可是，一直用手举着蜡烛，那也是受不了的，无论蜡油滴到手上还是照片上，都是件很囧的事情。

她举着火柴盒和蜡烛，站在那里进退两难。

邓克尔见状奇怪，就拿过火柴盒，取出里面的空盒子，用沙发上固定垫布的图钉钉在墙上，然后将蜡烛固定在上面。房东女儿惊喜地夸赞邓克尔真是聪明，这一放松，两人反而聊得很开怀。

约会进行得非常顺利，当邓克尔回到房间躺在床上时，突然想起刚才的场景，顿时觉得非常有意思。明明是那么简单的事情，却只能拿着火柴盒站在那里心急如焚，想不出任何办法，其实房东女儿平日里挺聪慧的，怎么会这么不灵活呢？难不成火柴盒只能装火柴吗？想到这里，邓克尔突然灵光一现，兴奋地坐起来，下床拿笔记下了自己的想法。

三天后，他找到了10名愿意参与这个奇怪实验的人，于是就出现了文章开头的那一幕。

可惜，参与实验的人，要么直接用图钉将蜡烛钉在墙上，要么像肖恩一样，用纸将蜡烛裹住，然后用图钉将纸固定在墙上。由于蜡烛一直在燃烧，有位用纸裹蜡烛的参与者做完后，蜡烛直接将纸烧着掉在了地上，幸好邓克尔抢救及时，否则可就葬身火海了。

之后，邓克尔又调整了实验的部分，他将火柴盒抽出来，将火柴都散放在桌子上，同样的任务，竟然有82%的人都采用了邓克尔同样的方法，完成了实验。

这一实验正说明了邓克尔所预料的，人们的思维都有其功能定式，若是功能有所转移，则更容易进行创造性思维的思考。

IN视角

想了解这个经典实验，推荐你读一读邓克尔的《创造性思维心理学》(*Thinking in Psychological Science: Ideas and Their Makers*)，非常经典的心理学著作。

当时的邓克尔年仅32岁，可见打破思维定式多么容易创造辉煌。可惜的是，思维再活跃，政治上却站错了队，由于党派的斗争，邓克尔两次申请成为大学讲师，都遭到了拒绝。他因为才华始终无法施展，度过了五年郁郁不得志的时间，终在绝望中结束了自己的生命。

实验100 羞耻的力量

快眼看实验

地点	阿姆斯特丹
时间	2014年
主持人	马特·奥登和凯·乔纳斯
目标	羞耻感的强烈程度
特点	羞耻是伴随一生的最难忘感受
脱线指数	★★
可模仿指数	★★★★（实验极其容易操作，只是参与实验的人需要极大勇气。）

全实验再现

马特非常小心地整理着自己的个人物品，短短的20分钟，在他心里却像是一个世纪那么漫长，他觉得所有人的目光似乎都对着他，每个人都在他身后指指点点。尽管背对着所有人，他也一直低着头，但还是觉得所有人的目光都包含着鄙夷，赤裸裸地像箭一般向他射来。

马特转身进入电梯，直到步出大楼，都一直低着头闷声不语，过了街角才停下脚步。回身看了看工作10年的大楼，说没有感情那是假的，说心甘情愿那更是违心，可是他有什么办法，出了那样的事，摆明了主管谈话就是希望他提出辞职的。他是有机会留下的，但内心那种极度羞耻的感觉，让他简直无法多待一分钟，只能遗憾地离开这个自己工作了10年的地方。

时间往回拉18个小时，马特的工作是负责监控设备的维护和管理。其实工作量不多，只是比较耗时，尤其是夜间需要值班的时候，他不能安心睡觉，得时不时看看监视器屏幕，注意是不是有异常情况发生。

而马特所负责的监控范围，并不仅仅是大楼，还包括附近的几栋商住楼的住户们所设置的监控设备。

昨天晚饭后，家家都围坐在电视前休闲时，马特也照常在监控室里打开了屏幕。每日的工作并不复杂却非常枯燥，单身的马特有一个隐密的爱好，就是看成人电影来消磨时光。由于羞于启齿，所以并没有人知道他的这一爱好。昨天照例打开成人电影时，不知道误按下了什么键，在他并没注意的情况下，他所负责监控区域的所有显示屏幕都被切换成了他正在欣赏的小电影，10分钟后他才注意到似乎哪里不对，当时他的脸色立刻变得惨白。

第二天上午，他就被主管叫去办公室谈话。据说一大早，主管刚到办公室，就一直不停地接电话，至少接到15通电话投诉，都在斥责究竟他们做了什么。主管非常生气，对着马特吼叫，办公室许多人都听到了，马特当时恨不得扒开一个地缝钻进去，于是主动提出了辞职。

马特的羞耻情绪伴随了一生，若干年后，朋友问他印象最深刻的事情，他脑海中第一个浮现出的依然是那件恍如昨日的事件，以及刻骨铭心的羞愧之情。

著名的心理学家大卫·R. 霍金博士曾对各类情感进行了能量等级的区分，从0到1000，200以下为负面能量，越低说明负能量越强；200以上为正面能量，越高说明积极能量越强。而测试结果发现，羞愧的能量数值最低，指数只有20，这也解释了为什么古往今来那么多人会因羞愧自杀。

心理学家马特·奥登和凯·乔纳斯更是采用新的实验方法，让男女分组阅读能够激发不同情绪的文章，同时监控这些人的大脑活动，结果发现，羞耻这种情绪远远超过了其他情绪的反应。在遇到会引发羞耻情绪的事件时，大脑会消耗更多的精神和能量来处理，并有可能带来长久持续的影响。

有趣的是，马特·奥登在研究报告中写了这么一段话："每个人都会避免羞耻，但如果是一个胖子，他的生活中可能处处充满了这个词，在这个以瘦为美的文化中，胖子就约等于羞耻，这就像身体里的烙印会陪伴一生，特别是年轻的时候。但随着年龄的增长，这样的羞耻感可能会减轻许多。"

IN 视角

为什么中招的总是胖子？胖子招谁惹谁了，总是有人把消极的词都用在胖子身上？但从科学的角度来说，情绪的确是有强弱程度之分的。人在不同情绪中会表现出不同的行为，而不同程度的情绪之间还会有转化。比如，羞耻可能也会演化成愤怒，这种愤怒有可能会引发暴力行为。羞耻这种情绪的产生本身就包含了自卑、自尊、诱惑、焦虑等各种情绪，是一种综合的情绪反应。